中國社會科學院文庫
歷史考古研究系列
The Selected Works of CASS
History and Archaeology

中國社會科學院創新工程學術出版資助項目

中國社會科學院文庫·歷史考古研究系列
The Selected Works of CASS · **History and Archaeology**

商代青銅器銘文分期斷代研究

【下】

The Dating Study of Bronze Inscriptions of The Shang Dynasty

嚴志斌　編著

社會科學文獻出版社
SOCIAL SCIENCES ACADEMIC PRESS (CHINA)

目　録

·下·

第三編　商代青銅器銘文彙編

第三編　商代青銅器銘文彙編

鐃　鈴

鳶。

0001鳶鐃（二期）

鐖。

0002鐖鐃（二期）

踓。

0003踓鐃（二期）

尃。

0004尃鐃（二期）

尃。

0005尃鐃（二期）

尃。

0006尃鐃（二期）

匿。

0007匿鐃

匿。

0008匿鐃

中。

0009中鐃（四期）

中。

0010中鐃（四期）

中。

0011中鐃（四期）

中。

0012中鐃（四期）

中。

0013中鐃（四期）

史。

0014史鐃（三期）

史。

0015史鐃（三期）

受。

0016受鐃

賈。

0017賈鐃（二期）

舌。

0018舌鐃（三期）

萁。

0019萁鐃（二期）

萁。

0020萁鐃（二期）

萁。

0021萁鐃（二期）

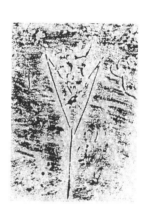

擒。

0022擒鐃（四期）

由。

0023由鐃（二期）

爰。

0024爰鐃（三期）

爰。

0025爰鏡（三期）

爰。

0026爰鏡（三期）

巳。

0027巳鏡（三期）

巳。

0028巳鏡（三期）

巳。

0029巳鏡（三期）

亞矣。

0030亞矣鏡（二期）

亞矣。

0031亞矣鐃（二期）

亞矣。

0032亞矣鐃（二期）

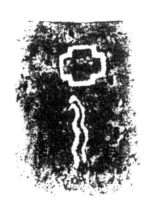

亞弜。

0033亞弜鐃（二期）

亞弜。

0034亞弜鐃（二期）

亞夫。

0035亞夫鐃（四期）

亞奧。

0036亞奧鐃（三期）

亞勘。

0037亞勘鐃（三、四期）

亞觥。

0038亞觥鐃（四期）

亞長。

0039亞長鐃（二期）

亞長。

0040亞長鐃（二期）

亞長。

0041亞長鐃（二期）

北單。

0042北單鐃（二期）

北單。

0043北單鐃（二期）

北單。

0044北單鐃（二期）

。

0045鐃（二期）

冊亢冊。

0046亢冊鐃

。

0047鐃（二期）

𤔲𠣜𠣜。

0048𤔲𠣜鐃（二期）

𤔲𠣜𠣜。

0049𤔲𠣜鐃（二期）

亞醜。嬃。

0050亞醜嬃鐃（四期）

亞虹。左。

0051亞虹左鐃（三、四期）

亞仈姍。

0052亞仈姍鐃（三期）

亞仈姍。

0053亞仈姍鐃（三期）

亞仈姍。

0054亞仈姍鐃（三期）

嗇見冊。

0055嗇見冊鐃（三、四期）

嗇見冊。

0056嗇見冊鐃（三、四期）

嗇見冊。

0057嗇見冊鐃（三、四期）

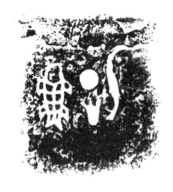

魚正乙。

0058魚正乙鐃（四期或周早）

魚正乙。

0059魚正乙鐃（四期或周早）

魚正乙。

0060魚正乙鐃（四期或周早）

亞萬。父己。

0061亞萬父己鐃（三、四期）

亞奐止。中。

0062亞奐止鐃（三期）

亞奐止。中。

0063亞奐止鐃（三期）

亞褢止。中。

0064亞褢止鐃（三期）

沫枕尹。妣辛。

0065妣辛鐃（三、四期）

亞矣。

0066亞矣鈴

亞矣。

0067亞矣鈴

亞矣。

0068亞矣鈴

鼎

父。

0069父鼎（三期）

丁。

0070丁鼎（四期）

廥。

0071廥鼎

廥。

0072廥鼎（四期）

辥。

0073辥鼎

天。

0074天鼎（二期）

 天。

0075天鼎（一期）

 卩。

0076卩鼎（二期）

 見。

0077見鼎（二期）

 吳。

0078吳鼎

 吳。

0079吳鼎

 婐。

0080婐鼎

好。

0081好鼎（二期）

竟。

0082竟鼎

保。

0083保鼎

保。

0084保鼎（四期）

重。

0085重鼎（二期）

重。

0086重鼎（二期）

佣。

0087佣鼎

佣。

0088佣鼎

佣。

0089佣鼎

佣。

0090佣鼎

犾。

0091犾鼎

犾。

0092犾鼎

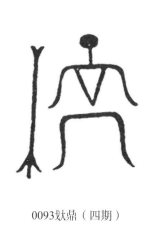

戜。

0093戜鼎（四期）

何。

0094何鼎（三期）

伐。

0095伐鼎（三期）

。

0096鼎

。

0097鼎（三期）

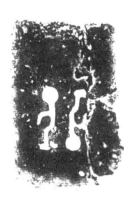

化。

0098化鼎

文。

0099文鼎

文。

0100文鼎

付。

0101付鼎

卷。

0102卷鼎（四期）

卷。

0103卷鼎

卷。

0104卷鼎

。

0105⯐鼎

戈。

0106戈鼎

戈。

0107戈鼎（二期）

戈。

0108戈鼎

戈。

0109戈鼎（三期）

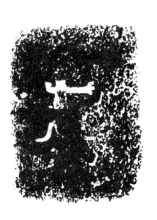

戈。

0110戈鼎（三期）

光。

0111光鼎

光。

0112光鼎（二期）

以。

0113以鼎

失。

0114失鼎

。

0115鼎

先。

0116先鼎（二期）

0117 鼎（三期）

0118罷鼎

罷。

0119 鼎（四期）

屰。

0120屰鼎（四期）

0121屰鼎

屰。

襄。

0122襄鼎（二期）

子。

0123子鼎（三期）

子。

0124子鼎（四期）

子。

0125子鼎

子。

0126子鼎

子。

0127子鼎（三期）

子。

0128子鼎（四期）

囤。

0129囤鼎

囤。

0130囤鼎

出。

0131出鼎

旋。

0132旋鼎（二期）

蟲。

0133蟲鼎

躔。

0134躔鼎

罨。

0135罨鼎

罨。

0136罨鼎

罨。

0137罨鼎

罨。

0138罨鼎（二期）

正。

0139正鼎（三期）

正。

0140正鼎

正。

0141正鼎（三期）

正。

0142正鼎（三期）

正。

0143正鼎

徙。

0144徙鼎

徙。

0145徙鼎（二期）

□。

0146□鼎

○。

0147○鼎

得。

0148得鼎（二期）

得。

0149得鼎

妥。

0150妥鼎

奴。

0151奴鼎

羞。

0152羞鼎

羞。

0153羞鼎（二期）

羞。

0154羞鼎（三期）

史。

0155史鼎

史。

0156史鼎（三期）

史。

0157史鼎（二期）

史。

0158史鼎

史。

0159史鼎（二期）

史。

0160史鼎

史。

0161史鼎（二期）

史。

0162史鼎

史。

0163史鼎

史。

0164史鼎

史。

0165史鼎

史。

0166史鼎（三期）

史。

0167史鼎（二期）

史。

0168史鼎（二期）

史。

0169史鼎（二期）

史。

0170史鼎（四期）

史。

0171史鼎（三期）

史。

0172史鼎

史。

0173史鼎

史。

0174史鼎

史。

0175史鼎

史。

0176史鼎

史。

0177史鼎

史。

0178史鼎

史。

0179史鼎

史。

0180史鼎

史。

0181史鼎

擒。

0182擒鼎（二期）

叉。

0183叉鼎

廾。

0184廾鼎（四期）

執。

0185執鼎（三期）

瞍。

0186瞍鼎（二期）

瞍。

0187瞍鼎（三期）

瞍。

0188瞍鼎（三期）

守。

0189守鼎（二期）

左。

0190左鼎

聿。

0191鼎（三期）

0192聿鼎（三、四期）

專。

0193專鼎

受。

0194受鼎

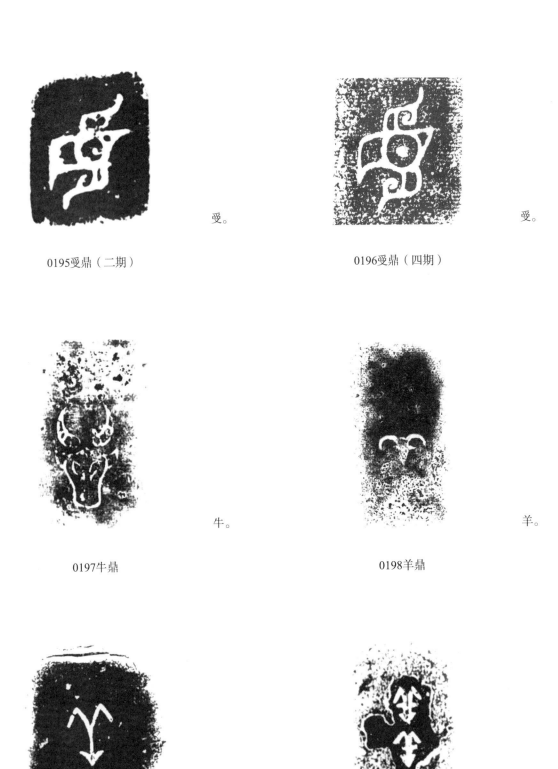

受。

0195受鼎（二期）

受。

0196受鼎（四期）

牛。

0197牛鼎

羊。

0198羊鼎

羊。

0199羊鼎（四期）

𦫳。

0200𦫳鼎（三期）

辇。

0201辇鼎。

辇。

0202辇鼎（三期）

馬。

0203馬鼎

豕。

0204豕鼎

豕。

0205豕鼎

豕。

0206豕鼎

豕。

0207豕鼎（二期）

夒。

0208夒鼎

夒。

0209夒鼎

鳥。

0210鳥鼎（四期）

鳥。

0211鳥鼎（四期）

隻。

0212隻鼎

鳶。

0213鳶鼎（二期）

鳶。

0214鳶鼎（二期）

鼻。

0215鼻鼎

魚。

0216魚鼎（四期）

魚。

0217魚鼎

鯀。

0218鯀鼎

畠。

0219畠鼎（二期）

黿。

0220黿鼎

黿。

0221黿鼎（四期）

蕁。

0222蕁鼎（一期）

萬。

0223萬鼎（四期）

栩。

0224栩鼎（三期）

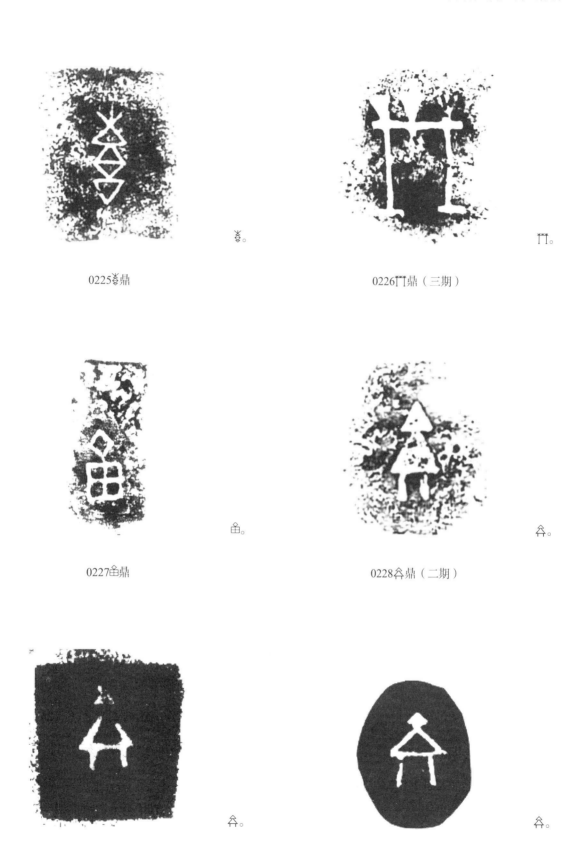

0225 鼎

0226 鼎（三期）

0227 鼎

0228 鼎（二期）

0229 鼎（四期）

0230 鼎

亳。

0231亳鼎（二期）

倉。

0232倉鼎

。

0233 鼎

亞。

0234亞鼎（四期）

亞。

0235亞鼎（四期）

舟。

0236舟鼎（二期）

車。

0237車鼎

⊗。

0238⊗鼎

⊗。

0239⊗鼎

0240鼎

几。

0241几鼎

几。

0242几鼎（二期）

0243冂鼎（三期）

0244冂鼎

0245冂鼎（三期）

0246冂鼎（二期）

0247冂鼎（四期）

0248冂鼎（四期）

亚。

0249亚鼎（四期）

亚。

0250亚鼎（四期）

。

0251鼎（三期）

。

0252鼎（三期）

。

0253鼎（三、四期）

宁。

0254宁鼎（四期）

賈。

0255賈鼎（三期）

買。

0256買鼎

0257畀鼎

0258畀鼎

0259畀鼎（二期）

0260畀鼎（三期）

羀。

0261羀鼎（二期）

盨。

0262盨鼎

壴。

0263壴鼎（二期）

食。

0264食鼎（四期）

食。

0265食鼎（四期）

食。

0266食鼎

0267龠鼎（三期）

0268龠鼎（四期）

0269龠鼎（四期）

0270龠鼎

0271龠鼎（三期）

0272龠鼎

鼎。

0273鼎鼎

鼎。

0274鼎鼎

鼎。

0275鼎鼎（四期）

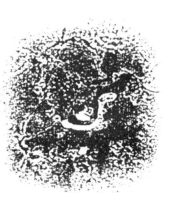。

0276鼎

串。

0277串鼎

勺。

0278勺鼎（三期）

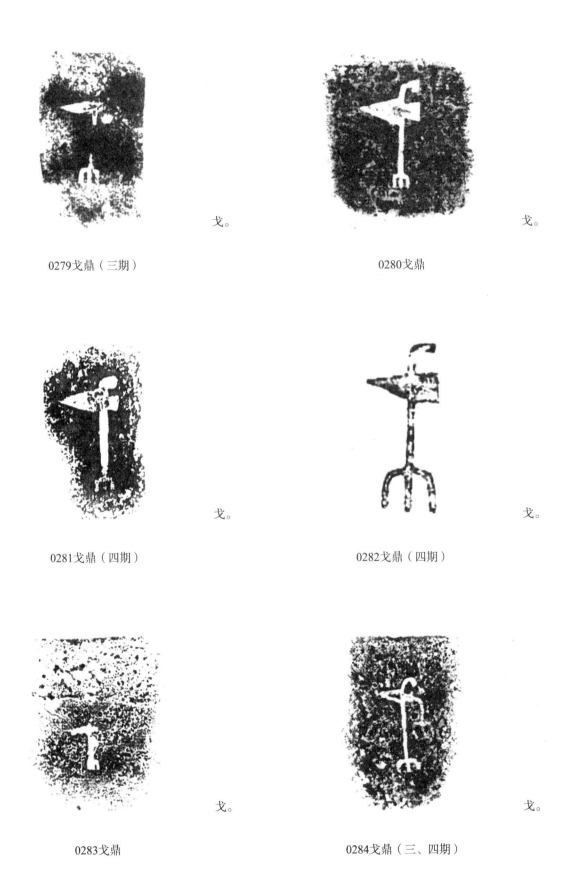

0279戈鼎（三期）

戈。

0280戈鼎

戈。

0281戈鼎（四期）

戈。

0282戈鼎（四期）

戈。

0283戈鼎

戈。

0284戈鼎（三、四期）

戈。

0285戈鼎（三、四期）

戈。

0286戈鼎（三期）

戈。

0287戈鼎（四期）

戈。

0288戈鼎（三、四期）

戈。

0289戈鼎

戈。

0290戈鼎（三期）

戈。

0291戈鼎

馘。

0292馘鼎（二期）

馘。

0293馘鼎（三期）

馘。

0294馘鼎（二期）

馘。

0295馘鼎（二期）

爻。

0296爻鼎

戊。

0297戊鼎

荀。

0298荀鼎

荀。

0299荀鼎（三期）

荀。

0300荀鼎（二期）

荀。

0301荀鼎

ʃ。

0302ʃ鼎（商末周初）

舌。

0303舌鼎（三期）

舌。

0304舌鼎（四期）

舌。

0305舌鼎（二期）

舌。

0306舌鼎

耳。

0307耳鼎（四期）

耴。

0308耴鼎（二期）

凵。

0309凵鼎（二期）

息。

0310息鼎（四期）

息。

0311息鼎（四期）

息。

0312息鼎（四期）

霝。

0313霝鼎

霝。

0314霝鼎（三期）

温。

0315温鼎（二期）

[illegible]。

0316[illegible]鼎（四期）

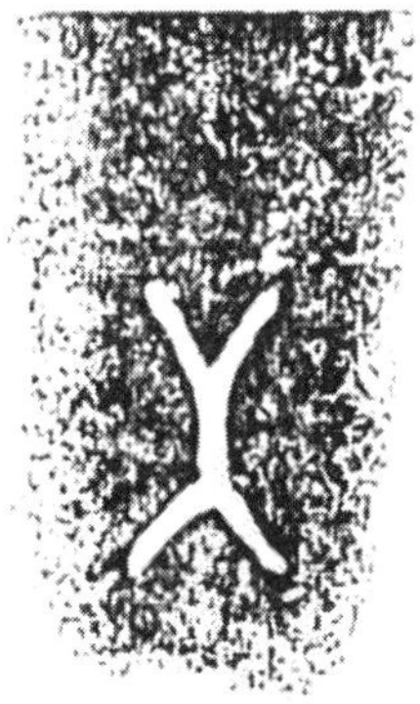

[illegible]。

0317[illegible]鼎

⿱白一。

0318⿱白一鼎（三期）

束。

0319束鼎

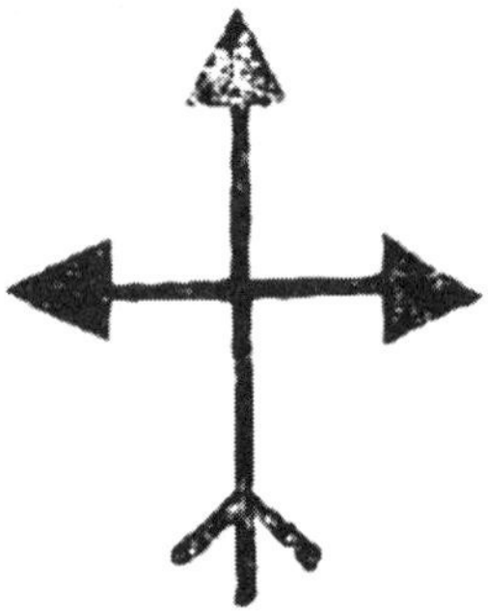

束。

0320束鼎（二期）

束。

0321束鼎

呆。

0322呆鼎

戎。

0323戎鼎（三期）

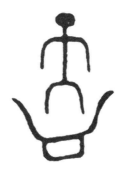

盉。

0324盉鼎（四期）

飲。

0325飲鼎（四期）

邑。

0326邑鼎（四期）

免。

0327免鼎（二期）

以。

0328以鼎（三期）

。

0329鼎（二期）

共。

0330共鼎（四期）

己。

0331己鼎（二期）

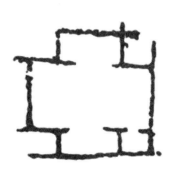

亞。

0332亞鼎（四期）

臾。

0333臾鼎（二期）

融。

0334融鼎（四期）

矢。

0335矢鼎（二期）

卜。

0336卜鼎（三、四期）

向。

0337向鼎（四期）

爰。

0338爰鼎（三期）

爰。

0339爰鼎（三期）

爰。

0340爰鼎（三期）

隻。

0341隻鼎（三期）

眉。

0342眉鼎（一期）

冃。

0343冃鼎（中商）

◆。

0344◆鼎

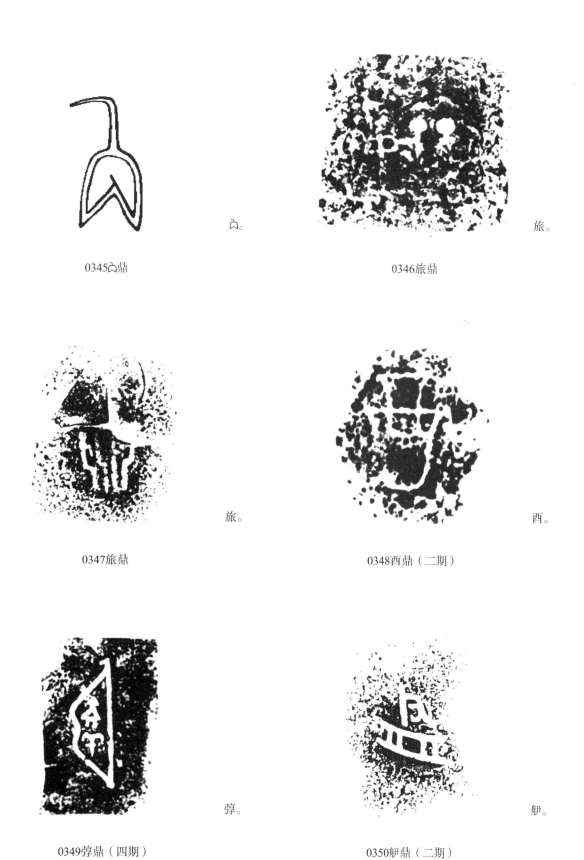

山。

0345山鼎

旅。

0346旅鼎

旅。

0347旅鼎

西。

0348西鼎（二期）

孠。

0349孠鼎（四期）

舟。

0350舟鼎（二期）

爵。

0351爵鼎（二期）

寵。

0352寵鼎（三期）

寵。

0353寵鼎（三期）

酋。

0354酋鼎（三期）

祖乙。

0355祖乙鼎

祖乙。

0356祖乙鼎

祖戊。

0357祖戊鼎（四期）

祖辛。

0358祖辛鼎

父丁。

0359父丁鼎

父戊。

0360父戊鼎

父戊。

0361父戊鼎

父戊。

0362父戊鼎（三期）

父己。

0363父己鼎（四期）

父己。

0364父己鼎

父己。

0365父己鼎（二期）

父己。

0366父己鼎（三期）

父己。

0367父己鼎

父辛。

0368父辛鼎

父辛。

0369父辛鼎（二、三期）

父辛。

0370父辛鼎

父癸。

0371父癸鼎

父癸。

0372父癸鼎（四期）

父癸。

0373父癸鼎

文父。

0374文父鼎（四期）

母乙。

0375母乙鼎

母癸。

0376母癸鼎

羊乙。

0377羊乙鼎（四期）

酉乙。

0378酉乙鼎（二期）

酉乙。

0379酉乙鼎（三期）

戎乙。

0380戎乙鼎

興丁。

0381興丁鼎虛

臺丁。

0382臺丁鼎（三期）

弔丁。

0383弔丁鼎（三期）

句戊。

0384句戊鼎

臺己。

0385臺己鼎（四期）

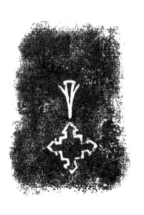

臺辛。

0386臺辛鼎（二期）

亶青。

0387亶青鼎（四期）

戈己。

0388戈己鼎

戈己。

0389戈己鼎

賊己。

0390賊己鼎（三期）

賊己。

0391賊己鼎

舟辛。

0392舟辛鼎（四期）

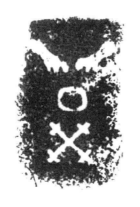

正癸。

0393正癸鼎（三期）

子妥。

0394子妥鼎（四期）

子妥。

0395子妥鼎

子妥。

0396子妥鼎（三期）

子妥。

0397子妥鼎

子妥。

0398子妥鼎（三期）

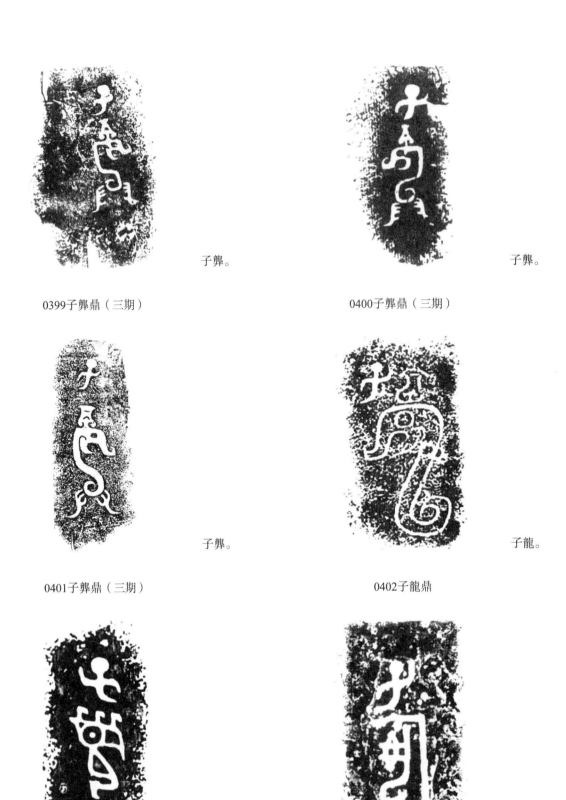

子龔。

0399子龔鼎（三期）

子龔。

0400子龔鼎（三期）

子龔。

0401子龔鼎（三期）

子龍。

0402子龍鼎

子媚。

0403子媚鼎（三、四期）

子厥。

0404子厥鼎

子蝨。

0405子蝨鼎

子蝨。

0406子蝨鼎

子蝨。

0407子蝨鼎（三期）

子就。

0408子就鼎（二期）

子就。

0409子就鼎（四期）

子疣。

0410子疣鼎（四期）

子蝠。

0411子蝠鼎（三期）

子乙。

0412子乙鼎（三期）

子戉。

0413子戉鼎

子癸。

0414子癸鼎

婦好。

0415婦好鼎（二期）

婦好。

0416婦好鼎

婦好。

0417婦好鼎（二期）

婦好。

0418婦好鼎

婦好。

0419婦好鼎（二期）

婦好。

0420婦好鼎（二期）

婦好。

0421婦好鼎（二期）

婦好。

0422婦好鼎（二期）

婦好。

0423婦好鼎（二期）

婦好。

0424婦好鼎（二期）

婦好。

0425婦好鼎（二期）

婦好。

0426婦好鼎（二期）

婦好。

0427婦好鼎（二期）

婦好。

0428婦好鼎（二期）

婦好。

0429婦好鼎（二期）

婦好。

0430婦好鼎（二期）

婦好。

0431婦好鼎（二期）

婦好。

0432婦好鼎（二期）

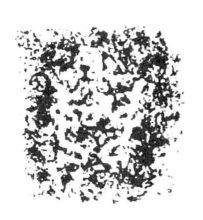

婦好。

0433婦好鼎（二期）

婦好。

0434婦好鼎（二期）

婦旋。

0435婦旋鼎

婦。

0436婦鼎（商末周初）

婦。

0437婦鼎（商末周初）

婦。

0438婦鼎（商末周初）

盨婦。

0439盨婦鼎

保谷。

0440保谷鼎

保谷。

0441保谷鼎

廥冊。

0442廥冊鼎

☉冊。

0443☉冊鼎

坧冊。

0444坧冊鼎（二期）

蠢典。

0445蠢典鼎

陸冊。

0446陸冊鼎（商末周初）

叀冊。

0447叀冊鼎

美宁。

0448美宁鼎（二期）

鄉宁。

0449鄉宁鼎（二期）

鄉宁。

0450鄉宁鼎

鄉宁。

0451鄉宁鼎

茘宁。

0452茘宁鼎（四期）

西宁。

0453西宁鼎（三期）

尹宁。

0454尹宁鼎

告宁。

0455告宁鼎（四期）

夲旅。

0456夲旅鼎

夲旅。

0457夲旅鼎

又羖。

0458又羖鼎

敓以。

0459敓以鼎（三期）

0461鼎（二期）

0460鼎（二期）

0462鼎（二期）

0463鼎

乙。

0464乙鼎

臾丁。

0465臾丁鼎

臾己。

0466臾己鼎（四期）

臾辛。

0467臾辛鼎（三期）

臾辛。

0468臾辛鼎（三期）

臾辛。

0469臾辛鼎（四期）

臾癸。

0470臾癸鼎

良癸。

0471良癸鼎（三期）

亞弜。

0472亞弜鼎

亞弜。

0473亞弜鼎

亞弜。

0474亞弜鼎

亞弜。

0475亞弜鼎

亞弜。

0476亞弜鼎

亞弜。

0477亞弜鼎（二期）

亞弜。

0478亞弜鼎

亞弜。

0479亞弜鼎（二期）

亞豕。

0480亞豕鼎（二期）

亞守。

0481亞守鼎（四期）

亞□。

0482亞□鼎

亞。

0483亞鼎

亞羌。

0484亞羌鼎（三期）

亞舟。

0485亞舟鼎

亞舟。

0486亞舟鼎（二期）

亞舟。

0487亞舟鼎

亞天。

0488亞天鼎

亞厷。

0489亞厷鼎

亞告。

0490亞告鼎

亞告。

0491亞告鼎（三期）

亞果。

0492亞果鼎

亞卯。

0493亞卯鼎（四期）

亞龕。

0494亞龕鼎

亞龠。

0495亞龠鼎

亞戲。

0496亞戲鼎（四期）

亞㺬。

0497亞㺬鼎

亞㺬。

0498亞㺬鼎（三期）

亞隤。

0499亞隤鼎

亞隤。

0500亞隤鼎（三期）

（蓋）

亞址。

亞奠。

0501亞奠鼎（三期）　　　　　　0502亞址鼎（三期）

亞址。

亞址。

0503亞址鼎（三期）　　　　　　0504亞址鼎（三期）

亞衡。

亞矣。

0505亞衡鼎　　　　　　　　　　0506亞矣鼎（三期）

亞矣。

0507亞矣鼎

亞矣。

0508亞矣鼎

亞矣。

0509亞矣鼎（四期）

亞矣。

0510亞矣鼎（二期）

亞矣。

0511亞矣鼎

亞矣。

0512亞矣鼎（改入1416亞矣卣）

亞醜。

0513亞醜鼎（四期）

亞醜。

0514亞醜鼎（四期）

亞醜。

0515亞醜鼎（四期）

亞醜。

0516亞醜鼎（四期）

亞醜。

0517亞醜鼎

亞醜。

518亞醜鼎（四期）

亞龡。

0519亞龡鼎

亞龡。

0520亞龡鼎（四期）

亞龡。

0521亞龡鼎（四期）

亞龡。

0522亞龡鼎（四期）

亞龡。

0523亞龡鼎（四期）

亞龡。

0524亞龡鼎（四期）

亞龝。

0525亞龝鼎

亞吏。

0526亞吏鼎

亞戈。

0527亞戈鼎（三期）

亞叔。

0528亞叔鼎（四期）

亞鼎。

0529亞鼎鼎（三期）

亞盥。

0530亞盥鼎（三期）

亞子。

0531亞子鼎（四期）

亞子。

0532亞子鼎（四期）

亞子。

0533亞子鼎（四期）

亞子。

0534亞子鼎（四期）

亞子。

0535亞子鼎（四期）

亞長。

0536亞長鼎（二期）

亞長。

0537亞長鼎（二期）

亞建。

0538亞建鼎

亡終。

0539亡終鼎（三期）

亡終。

0540亡終鼎（三期）

亡終。

0541亡終鼎（四期）

宁矢。

0542宁矢鼎（四期）

宁矢。

0543宁矢鼎（四期）

車□。

0544車□鼎（三期）

車□。

0545車□鼎

倗母。

0546倗母鼎（商末周初）

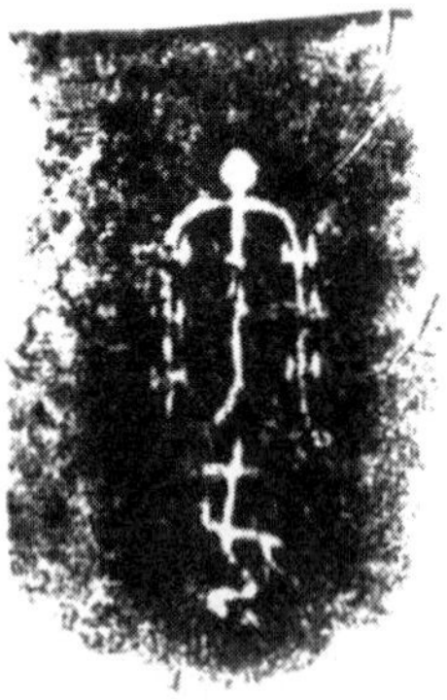

倗母。

0547倗母鼎

䎃□。

0548䎃□鼎

羊失。

0549羊失鼎（二期）

魚羌。

0550魚羌鼎

羊。

0551羊鼎

兮。

0552兮鼎

弔黽。

0553弔黽鼎（三期）

弔黽。

0554弔黽鼎（二期）

盠聀。

0555盠聀鼎

貞己。

0556貞己鼎

大禾。

0557大禾鼎（三期）

丂婦。

0558丂婦鼎（二期）

守霝。

0559守霝鼎

叉宁。

0560叉宁鼎

叉宂。

0561叉宂鼎

盥、。

0562盥、鼎

盥、。

0563盥、鼎

交鼎。

0564交鼎鼎

告田。

0565告田鼎

告田。

0566告田鼎

齊囧。

0567齊囧鼎

齒嫩。

0568齒嫩鼎

䢼叔。

0569䢼叔鼎（四期）

䢼叔。

0570䢼叔鼎（四期）

䢼徹。

0571䢼徹鼎（商末周初）

䢼登。

0572䢼登鼎

襄奸。

0573襄奸鼎（三期）

𫝀刀。

0574𫝀刀鼎

𤖕失。

0575𤖕失鼎

戈乙。

0576戈乙鼎（四期）

戈乙。

0577戈乙鼎（四期）

己竝。

0578己竝鼎（三期）

己竝。

0579己竝鼎（三期）

己竝。

0580己竝鼎（三期）

秉己。

0581秉己鼎（三期）

守辛。

0582守辛鼎（二期）

疋未。

0583疋未鼎（三期）

絴萄。

0584絴萄鼎（三期）

敔象。

0585敔象鼎（二期）

融冊。

0586融冊鼎（四期）

融冊。

0587融冊鼎（四期）

豐。

0588豐鼎（四期）

豐。

0589豐鼎（四期）

宜盾。

0590宜盾鼎

心母。

0591心母鼎（四期）

回癸。

0592回癸鼎（三期）

用弓。

0593用弓鼎（四期）

入己。

0594入己鼎（三期）

酉己。

0595酉己鼎（三期）

五己。

0596五己鼎

□䢔。

0597□䢔鼎

眔冊。

0598眔冊鼎（四期）

眔冊。

0599眔冊鼎

眔冊。

0600眔冊鼎

眔冊。

0601眔冊鼎

射婦桑。

0602射婦桑鼎（二期）

射婦桑。

0603射婦桑鼎（二期）

射婦桑。

0604射婦桑鼎（二期）

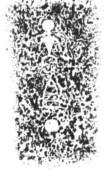

佣祖丁。

0605佣祖丁鼎（四期）

戈祖辛。

0606戈祖辛鼎（四期）

戈祖癸。

0607戈祖癸鼎（四期）

戈妣辛。

0608戈妣辛鼎（四期）

戈父甲。

0609戈父甲鼎（三期）

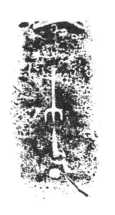

戈父丁。

0610戈父丁鼎

戈父癸。

0611戈父癸鼎（三、四期）

戈父庚。

0612戈父庚鼎（四期）

象祖辛。

0613象祖辛鼎

▲父甲。

0614▲父甲鼎

𤔲父乙。

0615𤔲父乙鼎（商末周初）

𤔲父乙。

0616𤔲父乙鼎（四期）

𤔲父乙。

0617𤔲父乙鼎

𤔲父乙。

0618𤔲父乙鼎

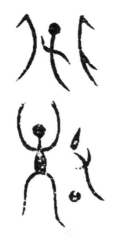

𤔲父丁。

0619𤔲父丁鼎

𤔲父丁。

0620𤔲父丁鼎

蓔父丁。

0621蓔父丁鼎

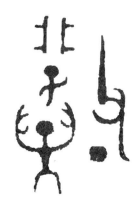

蓔父丁。

0622蓔父丁鼎（四期）

蓔父己。

0623蓔父己鼎（四期）

蓔父己。

0624蓔父己鼎（四期）

蓔父癸。

0625蓔父癸鼎（四期）

蓔父癸。

0626蓔父癸鼎（四期）

蕼父癸。

0627蕼父癸鼎（四期）

蕼父□。

0628蕼父□鼎（四期）

戎父乙。

0629戎父乙鼎（四期）

息父乙。

0630息父乙鼎（四期）

奐父乙。

0631奐父乙鼎

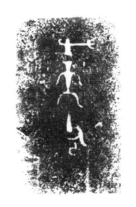

奐父己。

0632奐父己鼎（三、四期）

㦰父癸。

0633㦰父癸鼎

賊父乙。

0634賊父乙鼎

賊父癸。

0635賊父癸鼎（二期）

萄父乙。

0636萄父乙鼎（三期）

萄父庚。

0637萄父庚鼎（四期）

㝫父乙。

0638㝫父乙鼎

冊父丁。

0639冊父丁鼎（二期）

冊父己。

0640冊父己鼎（二期）

冊父己。

0641冊父己鼎（商末周初）

冊父己。

0642冊父己鼎（三期）

冊父己。

0643冊父己鼎

冊父辛。

0644冊父辛鼎

卅父癸。

0645卅父癸鼎（四期）

卅父癸。

0646卅父癸鼎（四期）

冉父乙。

0647冉父乙鼎

冉父丙。

0648冉父丙鼎（三、四期）

冉父丁。

0649冉父丁鼎（四期）

冉父辛。

0650冉父辛鼎（商末周初）

父辛。

0651父辛鼎（三、四期）

鼎父乙。

0652鼎父乙鼎

鼎父乙。

0653鼎父乙鼎（二期）

父乙。

0654父乙鼎

父己。

0655父己鼎

父己。

0656父己鼎（商末周初）

黿父乙。

0657黿父乙鼎（四期）

黿父乙。

0658黿父乙鼎

黿父乙。

0659黿父乙鼎

黿父乙。

0660黿父乙鼎

犬父丙。

0661犬父丙鼎（三期）

龜父丙。

0662龜父丙鼎

䰟父丁。

0663䰟父丁鼎

䰟父丁。

0664䰟父丁鼎（三期）

䰟父丁。

0665䰟父丁鼎

䰟父癸。

0666䰟父癸鼎（四期）

䰟父丁。

0667䰟父丁鼎（四期）

䰟父癸。

0668䰟父癸鼎（二期）

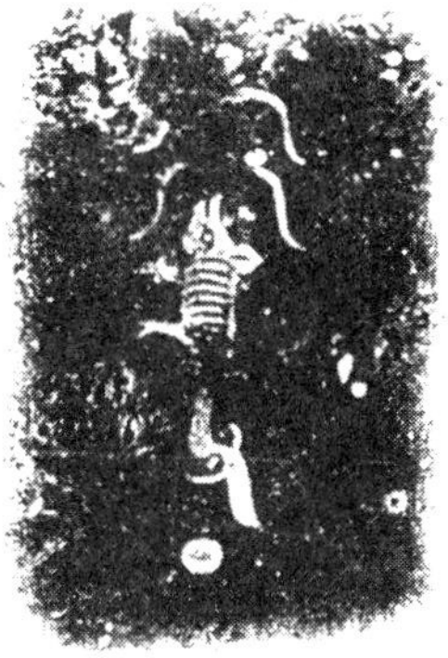

豕父丁。

0669豕父丁鼎（四期）

黽父丁。

0670黽父丁鼎

𦥑父丁。

0671𦥑父丁鼎（四期）

天父丁。

0672天父丁鼎

天父己。

0673天父己鼎（四期）

天父癸。

0674天父癸鼎

何父丁。

0675何父丁鼎

蟲父丁。

0676蟲父丁鼎（三、四期）

此父丁。

0677此父丁鼎

子父丁。

0678子父丁鼎

子父己。

0679子父己鼎（四期）

子父辛。

0680子父辛鼎

子父癸。

0681子父癸鼎（四期）

子脊示。

0682子脊示鼎（三期）

子雨己。

0683子雨己鼎（三、四期）

屰子干。

0684屰子干鼎

句父丁。

0685句父丁鼎（商末周初）

句父辛。

0686句父辛鼎

聚父丁。

0687聚父丁鼎

叩父己。

0688叩父己鼎（四期）

＾父己。

0689＾父己鼎（二期）

舌父己。

0690舌父己鼎

守父己。

0691守父己鼎（四期）

車父己。

0692車父己鼎（四期）

史父庚。

0693史父庚鼎

夲父庚。

0694夲父庚鼎（二期）

羊父庚。

0695羊父庚鼎（商末周初）

父庚叟。

0696父庚叟鼎（商末周初）

旂父辛。

0697旂父辛鼎

父辛。

0698父辛鼎（三期）

需父辛。

0699需父辛鼎

需父辛。

0700需父辛鼎

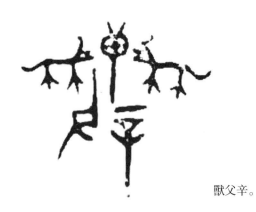

獸父辛。

0701獸父辛鼎

獸父辛。

0702獸父辛鼎（商末周初）

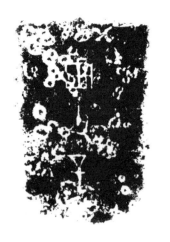

田父辛。

0703田父辛鼎（四期）

剢父辛。

0704剢父辛鼎

豸父辛。

0705豸父辛鼎（四期）

木父辛。

0706木父辛鼎

木父壬。

0707木父壬鼎

♀父辛。

0708♀父辛鼎（三、四期）

珥父辛。

0709珥父辛鼎（四期）

𣪠父辛。

0710𣪠父辛鼎

□父辛。

0711□父辛鼎（四期）

重父壬。

0712重父壬鼎（四期）

父癸。

0713父癸鼎（四期）

父癸。

0714父癸鼎（四期）

戜父癸。

0715戜父癸鼎

酉父癸。

0716酉父癸鼎（四期）

黿父癸。

0717黿父癸鼎

黿父癸。

0718黿父癸鼎（二期）

鳥父癸。

0719鳥父癸鼎（四期）

父癸。

0720父癸鼎（四期）

嬰父乙。

0721嬰父乙鼎

嬰父癸。

0722嬰父癸鼎（四期）

嬰父癸。

0723嬰父癸鼎（四期）

街父癸。

0724街父癸鼎（商末周初）

串父癸。

0725串父癸鼎（四期）

父癸。

0726父癸鼎

鄉宁乙。

0727鄉宁乙鼎（二期）

鄉宁癸。

0728鄉宁癸鼎（二期）

鄉宁癸。

0729鄉宁癸鼎（二期）

車乙丁。

0730車乙丁鼎（三期）

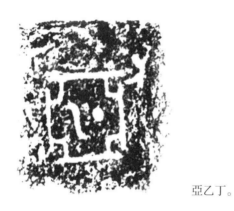

亞乙丁。

0731亞乙丁鼎

亞受㫃。

0732亞受鼎（三期）

亞鳥魚。

0733亞魚鼎（四期）

亞亢丁。

0734亞亢丁鼎（二期）

亞明乙。

0735亞明乙鼎（四期）

亞奠止。

0736亞奠止鼎（三期）

亞奠址。

0737亞奠址鼎（三期）

亞奠止。

0738亞奠止鼎（三期）

亞奠止。

0739亞奠止鼎（三期）

姛戊。

0740姛戊鼎（三期）

妸辛。

0741妸辛鼎（二期）

妸辛。

0742妸辛鼎（二期）

𩲔婦妊。

0743𩲔婦妊鼎（四期）

婦羊告。

0744婦羊告鼎（二期）

黿婦妖。

0745黿婦妖鼎（三期）

舟婦冊。

0746舟婦冊鼎

□史己。

0747□史己鼎

冊𡕥宅。

0748冊𡕥宅鼎

又羧癸。

0749又羧癸鼎（三期）

又羧癸。

0750又羧癸鼎（三期）

北單戈。

0751北單戈鼎（三期）

北單戈。

0752北單戈鼎（三期）

北單戈。

0753北單戈鼎（三期）

北單戈。

0754北單戈鼎

耴田㯥。

0755耴田㯥鼎（二期）

力。

0756力鼎（二期）

盉見冊。

0757盉見冊鼎

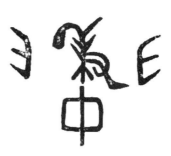

耴秉盾。

0758耴秉盾鼎（四期）

秉盾戊。

0759秉盾戊鼎

父乙。

0760父乙鼎

舟父丁。

0761舟父丁鼎

弴父丁。

0762弴父丁鼎（三期）

弴父己。

0763弴父己鼎

衡父癸。

0764衡父癸鼎（商末周初）

　　䢅其𣂪。

0765䢅其𣂪鼎

　　蕢祖□。

0766蕢祖□鼎（四期）

父丁。

0767父丁鼎（二期）

　　屰父庚。

0768屰父庚鼎（四期）

　　息父辛。

0769息父辛鼎（四期）

　　得父癸。

0770得父癸鼎（三期）

戎父乙。

0771戎父乙鼎（四期）

吳父癸。

0772吳父癸鼎

儞父丁。

0773儞父丁鼎（三期）

夕戎祖丁。

0774夕戎祖丁鼎（四期）

耳銜父乙。

0775耳銜父乙鼎

耳銜父乙。

0776耳銜父乙鼎（商末周初）

耳衡父乙。

0777耳衡父乙鼎（商末周初）

耳衡父丁。

0778耳衡父丁鼎

南門父丙。

0779南門父丙鼎

子脊婦士。

0780子脊鼎

子刀父乙。

0781子刀父乙鼎

子刀父辛。

0782子刀父辛鼎

子羊父丁。

0783子羊父丁鼎

子鼎父乙。

0784子鼎父乙鼎（四期）

子舜父癸。

0785子舜父癸鼎

子亯君盉。

0786子亯君盉鼎（四期）

子父戊子。

0787子父戊子鼎（三期）

祖丁癸。

0788祖丁癸鼎

祖己父癸。

0789祖己父癸鼎

亞鳥父甲。

0791亞鳥父甲鼎（三、四期）

亞旂父己。

0793亞旂父己鼎

亞冊祖癸。

0790亞冊祖癸鼎（商末周初）

亞旂父丁。

0792亞旂父丁鼎（三期）

亞戲父乙。

0794亞戲父乙鼎

亞酰父乙。

0795亞酰父乙鼎（四期）

亞酰父丙。

0796亞酰父丙鼎（四期）

亞酰父丁。

0797亞酰父丁鼎（四期）

亞酰父丁。

0798亞酰父丁鼎（商末周初）

亞酰父己。

0799亞酰父己鼎（四期）

亞酰父辛。

0800亞酰父辛鼎（商末周初）

亞醜父辛。

0801亞醜父辛鼎

亞獏父丁。

0802亞獏父丁鼎

亞獏父丁。

0803亞獏父丁鼎（四期）

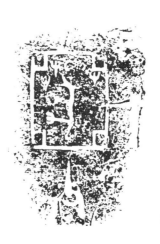

亞獏父丁。

0804亞獏父丁鼎（四期）

亞獏父丁。

0805亞獏父丁鼎（四期）

亞獏父丁。

0806亞獏父丁鼎（四期）

亞酉父丁。

0807亞酉父丁鼎（三期）

亞𣪘父戊。

0808亞𣪘父戊鼎（四期）

亞𤦲父己。

0809亞𤦲父己鼎（四期）

亞𤦲父己。

0810亞𤦲父己鼎

亞巽父己。

0811亞巽父己鼎

亞戈父己。

0812亞戈父己鼎（四期）

亞麚父己。

0813亞麚父己鼎

亞得父庚。

0814亞得父庚鼎（三期）

亞得父庚。

0815亞得父庚鼎（三期）

亞奠聞𠦛。

0816亞奠聞𠦛鼎

亞敢女子。

0817亞敢女子鼎

爻敢父乙。

0818爻敢父乙鼎（商末周初）

扶冊父乙。

0819扶冊父乙鼎（四期）

天冊父乙。

0820天冊父乙鼎

鄉宁父乙。

0821鄉宁父乙鼎（四期）

矢宁父乙。

0822矢宁父乙鼎（三期）

父乙。

0823父乙鼎

麻父乙乙。

0824麻父乙鼎

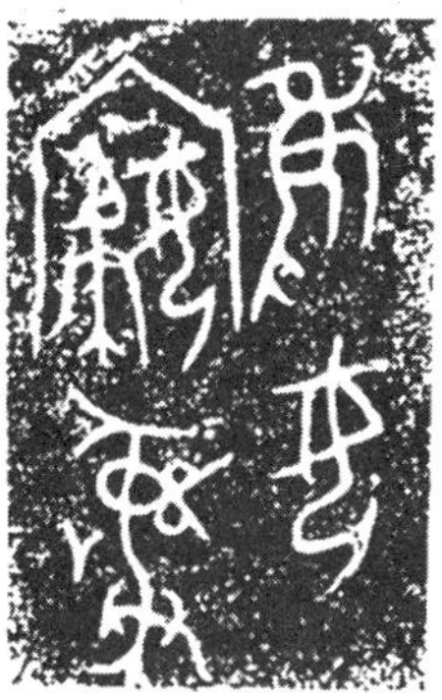

鳥母嫁彝。

0825鳥母嫁鼎（四期）

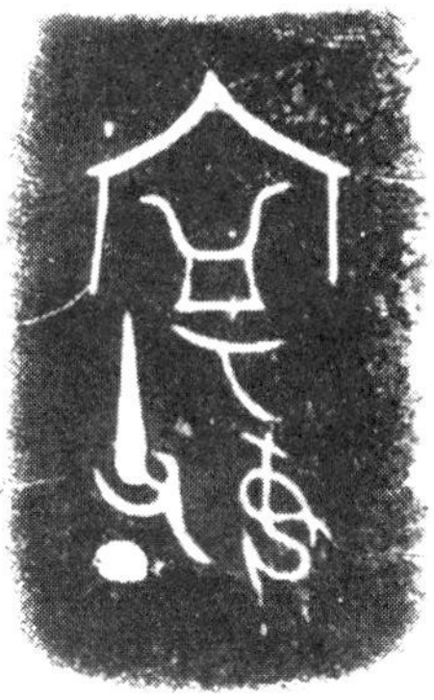

嫜父丁。

0826嫜父丁鼎

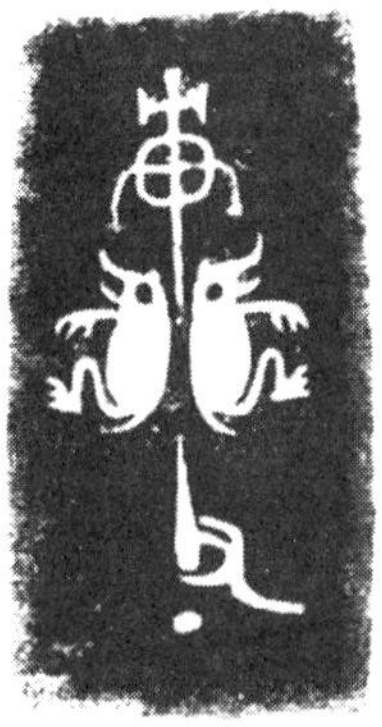

庚豩父丁。

0827庚豩父丁鼎（四期）

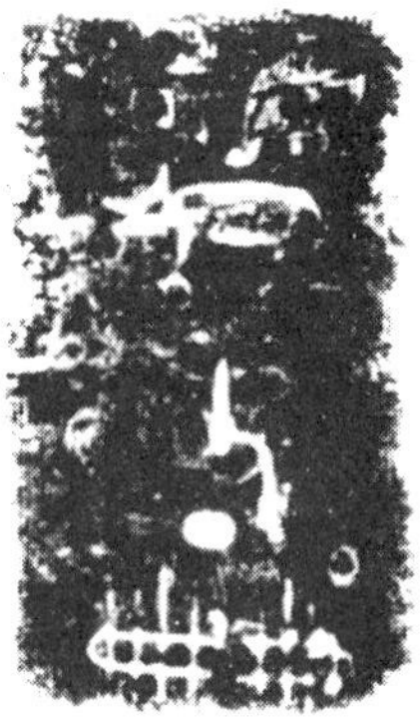

䍜冊父丁。

0828䍜冊父丁鼎（四期）

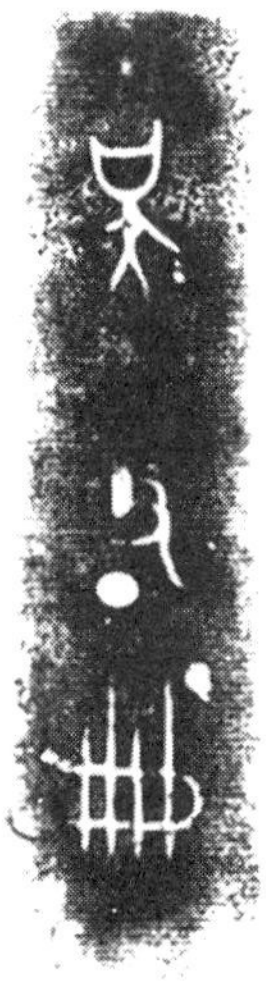

宊冊父丁。

0829宊冊父丁鼎（四期）

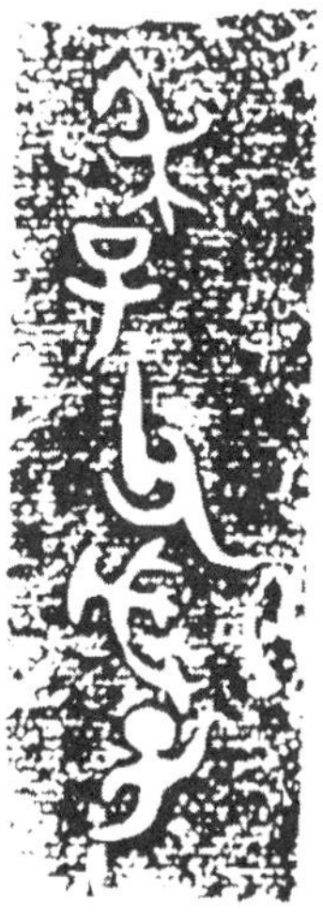

季父戊子。

0830季父戊子鼎（三期）

角㝬父戊。

0831角㝬父戊鼎（三期）

小子父己。

0832小子父己鼎（二期）

又羖父己。

0833又羖父己鼎（四期）

又羖父癸。

0834又羖父癸鼎

驫父辛。

0835驫父辛鼎

何疾父癸。

0836何疾父癸鼎（四期）

何疾父癸。

0837何疾父癸鼎（四期）

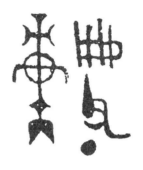

廥冊父丁。

0838廥冊父丁鼎（三期）

廥冊父癸。

0839廥冊父癸鼎

SΣ冊父癸。

0840SΣ冊父癸鼎（四期）

疋冊父癸。

0841疋冊父癸鼎（三期）

劦冊八辛。

0842劦冊八辛鼎

聑髭婦姱。

0843聑髭婦姱鼎（四期）

婦未于黿。

0844婦未于黿鼎（四期）

甗祖庚父辛。

0845甗祖庚父辛鼎

亞𠨘覃父甲。

0846亞𠨘覃父甲鼎

亞㝬孤竹迺。

0847亞㝬孤竹迺鼎（四期）

馬羊失父乙。

0848馬羊失父乙鼎（四期）

西單光父乙。

0849西單光父乙鼎（三期）

作父乙□鬲。

0850作父乙鼎（二、三期）

丩盾作父戊。

0851丩盾作父戊鼎（四期）

黿作父戊彝。

0852黿作父戊鼎

小子作父己。

0853小子作父己鼎（四期）

小子作父己。

0854小子作父己鼎（四期）

子克冊父辛。

0855子克冊父辛鼎

子作鼎盟彝。

0856子作鼎盟彝鼎

羨兄戊父癸。

0857羨兄戊父癸鼎

羨母酋父癸。

0858羨母酋父癸鼎

母作山□。

0859母鼎（三期）

句父丁作彝。

0860句父丁鼎（四期）

蕨祖辛禹亞軳。

0861祖辛禹鼎（三期）

蕨祖辛禹亞軳。

0862祖辛禹鼎（三期）

亞醜父丁宁歸。

0863亞醜父丁鼎

亞共。祖辛父乙。

0864亞共方鼎

犬祖辛、𣅲祖癸。

0865犬祖辛祖癸鼎（三期）

龠犬犬魚父乙。

0866龠犬犬魚父乙鼎

冒冊。般作父乙。

0867般作父乙鼎（四期）

疋彈。龠作父丙。

0868龠作父丙鼎

興又日戊作彝。

0869興日戊鼎

束冊作父己彝。

0870束冊作父己鼎

子刀工糸父癸。

0871子父癸鼎（四期）

奄作婦姑驕彝。

0872奄婦姑鼎

奄作婦姑齋彝。

0873奄婦姑鼎

爻癸婦戟作彝。

0874爻癸婦鼎

祖辛邑父辛云。

0875祖辛父辛鼎（四期）

廗冊。父庚卫吾。

0876廗冊父庚鼎（三期）

姨作父庚鼎，廗冊。

0877姨鼎（四期）

串彝。豆作父丁彝。

0878豆作父丁鼎（四期）

亞俞。曆作祖己彝。

0879曆作祖己鼎（四期）

亞臬夨。蔓作母癸。

0880蔓作母癸鼎

咸媒子作祖丁尊彝。

0881咸媒子作祖丁鼎

引乍文父丁鬻。臤鑊。

0882引乍父丁鼎（四期）

木工冊作母辛尊彝。

0883木工冊作母辛鼎

亞醜。季作兄己尊彝。

0884季作兄己鼎

盂鬺文帝母日辛尊。

0885盂鼎（四期）

盂鬺文帝母日辛尊。

0886盂鼎（四期）

鄉宁。亞寰竹寁智光癄。

0887亞寰鄉宁鼎（四期）

亞，保祖辛俞父籐父庚。

0888亞父庚祖辛鼎（商末周初）

亞，若癸白乙受丁施乙。

0889亞若癸鼎（四期）

亞，若癸受丁父甲旗乙丁。

0890亞若癸鼎（四期）

亞，若癸自乙受丁旅乙。

0891亞若癸鼎（四期）

婦𡣚作文姑日癸尊彝。𡡧。

0892婦𡣚鼎

乙未王賞姒□帛，在寢，用作□彝。

0893乙未鼎

亞𡨋宭父癸宅于‖冊吹。

0894亞𡨋鼎（四期）

乃孫作祖己宗寶䵼鬻，匚賓。

0895乃孫作祖己鼎（商末周初）

𡣚姒賞賜貝于司，作父乙彝。

0896𡣚姒鼎（商末周初）

彜奴賞賜貝于司作，父乙彜。

0897彜奴鼎（商末周初）

戊寅，王曰🅰总馬酉彡賜貝，
用作父丁尊彜。亞受。

0898亞受鼎

乙亥子賜小子𡧛王賞貝，在襄𠂤，
𡧛用作父己寶尊。蒦。

0899小子𡧛鼎

壬申，王賜亞魚貝，用作兄癸尊。
在六月，唯王七祀翌日。

0900亞魚鼎（四期）

王賜小臣缶渳積五年，缶用作𠱾大子乙家祀尊。
蒦父乙。

0901小臣缶鼎（四期）

亞印，丁卯，王令宜子迲西方于省，
唯返，王賞戍甬貝二朋，用乍父乙𣪘。

0902戍甬鼎（四期）

丙午，王賞戍嗣貝廿朋，在闌宗，用作父癸寶鼎。
唯王饗闌大室，在九月。犬魚。

0903戍嗣鼎（四期）

乙亥，王餗，在鬃帥，王鄉酒，尹光遘（列），
唯各，賞貝，用作父丁彝。唯王征井方。⊠。

0904尹光鼎（四期）

庚午，王令寢震省北田四品，在二月。
作冊友史賜賣貝，用作父乙尊。羊冊。

0905寢震鼎（四期）

癸亥，王迣于作冊般新宗，王賞作冊豐貝，
大子賜東大貝，用作父己寶鬻。

0906作冊豐鼎（四期）

甲子，王賜寢孳，賞，用作父辛尊彝。

在十月又二，遘祖甲啓日，唯王曰祀。盾侢。

0907寢孳方鼎（四期）

乙未，王賓文武帝乙，肜日，自闌侢，

王返入闌，王賞瓶貝，用作父丁寶尊彝，

在五月，唯王廿祀又二。魚。

0908瓶方鼎（四期）

鬲

魚。

0909魚鬲（四期）

東。

0910東鬲（四期）

皇。

0911皇鬲

羧。

0912羧鬲

失。

0913失鬲（四期）

。

0914鬲

耳。

0915耳鬲（中商）

奴。

0916奴鬲

亞牧。

0917亞牧鬲（四期）

蜚母。

0918蜚母鬲（四期）

婦妌。

0919婦妌鬲

自癸。

0920自癸鬲

亞□其。

0921亞□其鬲（四期）

亞𤔔母。

0922亞𤔔母鬲（三、四期）

亯祖癸。

0923亯祖癸鬲（四期）

鳥父乙。

0924鳥父乙鬲（四期）

重父丙。

0925重父丙鬲

齒父己。

0926齒父己鬲（四期）

冈父己。

0927冈父己鬲

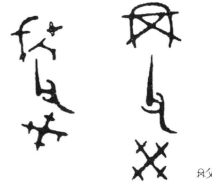

𤔲父癸。

0928𤔲父癸鬲

母辛。

0929母辛鬲

齊婦。莫。

0930齊婦鬲（四期）

眉▲子。

0931子眉鬲（四期或周早）

作冊兄。

0932作冊兄鬲（四期）

鳥宁祖癸。

0933鳥宁祖癸鬲（四期）

🦉丙父丁。

0934🦉丙父丁鬲（四期）

亞牧父戊。

0935亞牧父戊鬲

亞獏父己。

0936亞獏父己鬲

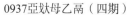

亞狄母乙。

0937亞狄母乙鬲（四期）

束祖辛、正父甲。

0938祖辛父甲鬲

1033

亞从父丁鳥宁。

0939亞从父丁鬲（四期）

矙

好。

0940好甗（二期）

好。

0941好甗（二期）

好。

0942好甑（二期）

戈。

0943戈甗（四期）

戈。

0944戈甗（四期）

戈。

0945戈甗（四期）

𫲦。

0946𫲦甗

𤇾。

0947𤇾甗

正。

0948正甗（二期）

𡸱。

0949𡸱甗

𫲦。

0950𫲦甗（三、四期）

戉。

0951戉甗

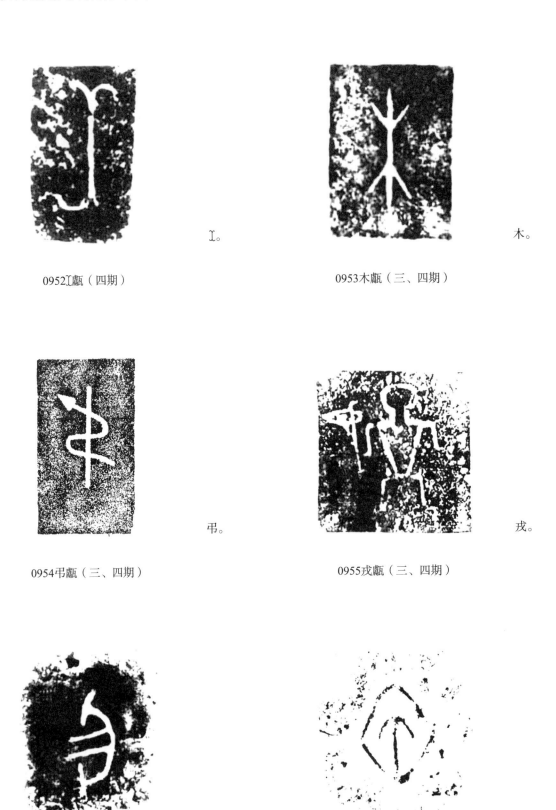

I。

0952I瓻（四期）

木。

0953木瓻（三、四期）

弔。

0954弔瓻（三、四期）

戎。

0955戎瓻（三、四期）

乡。

0956乡瓻（四期）

⊕。

0957⊕瓻（中商）

李。

0958李甗

李。

0959李甗

妻。

0960妻甗（四期）

亞矣。

0961亞矣甗（二期）

亞長。

0962亞長甗（二期）

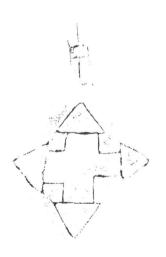

宁壹。

0963宁壹甗（一期）

婦好。

0964婦好三聯甗（二期）

婦好。

0965婦好甗（二期）

婦好。

0966婦好甗（二期）

蛬婦。

0967蛬婦甂

蛬叔。

0968蛬叔甂（四期）

戈五。

0969戈五甂（四期）

祖丁。

0970祖丁甂（三、四期）

父乙。

0971父乙甂

父己。

0972父己甂（四期）

※繭。

0973※繭甗（四期）

守父丁。

0974守父丁甗（三、四期）

令父己。

0975令父己甗

爰父癸。

0976爰父癸甗（三、四期）

屰父辛。

0977屰父辛甗（四期）

司媍。

0978司媍甗

子犬父乙。

0979子犬父乙甗（三、四期）

亞得父己。

0980亞得父己甗

黽作父辛。

0981黽作父辛甗（四期）

荀父癸。

0982荀父癸甗（三、四期）

南單母癸。

0983南單母癸（四期）

彭母彝。

0984彭母甗（四期）

子商。亞羌乙。

0985子商甗

商婦作彝。䶖。

0986商婦甗（四期）

郊作祖癸彝。

0987郊甗（四期）

亞醜作季尊彝。

0988亞醜作季尊彝甗（四期）

黿作婦姑將彝。

0989黿作婦姑甗（四期）

婦嬪作文姑日癸尊彝。䶖。

0990婦嬪甗（四期）

王宜人方无攸。咸。王賞作冊般貝，
用作父己尊。來冊。

0991作冊般甗（四期）

篢

天。

0992天簋（三期）

天。

0993天簋

天。

0994天簋（四期）

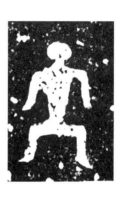

天。

0995天簋（四期）

狀。

0996狀簋（四期）

狀。

0997狀簋（四期）

專。

0998專簋（三期）

執。

0999執簋

婦。

1000婦簋（二期）

好。

1001好簋（二期）

嫂。

1002嫂簋

妗。

1003妗簋（二、三期）

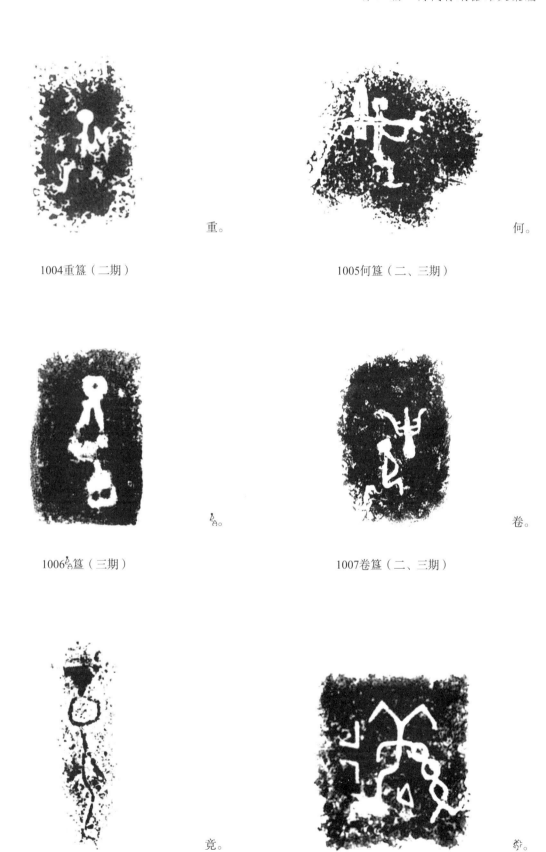

重。

1004重簋（二期）

何。

1005何簋（二、三期）

1006簋（三期）

卷。

1007卷簋（二、三期）

竟。

1008竟簋（四期）

1009簋

蕺。

1010蕺簋（三期）

蕺。

1011蕺簋

蠱。

1012蠱簋（一期）

躔。

1013躔簋（四期）

躔。

1014躔簋（三期）

躔。

1015躔簋（二期）

正。

1016正簋（二期）

正。

1017正簋（二期）

徙。

1018徙簋（二期）

冎。

1019冎簋（三期）

⊕。

1020⊕簋（四期）

奴。

1021奴簋（二期）

史。

1022史簋（四期）

史。

1023史簋（四期）

史。

1024史簋（三期）

史。

1025史簋（四期）

史。

1026史簋

史。

1027史簋

史。

1028史簋（二、三期）

執。

1029執簋（三期）

執。

1030執簋（四期）

執。

1031執簋（三期）

守。

1032守簋

守。

1033守簋

耒。

1034耒簋（三期）

剢。

1035剢簋

融。

1036融簋（四期）

牛。

1037牛簋（商末周初）

虎。

1038虎簋

鳶。

1039鳶簋（二期）

亯。

1040亯簋

亯。

1041亯簋

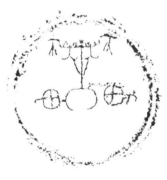

車。

1042車簋（三、四期）

𠂤。

1043𠂤簋（三期）

𠂤。

1044𠂤簋（三期）

𠂤。

1045𠂤簋（三期）

1046兲簋

1047兲簋

1048兲簋

1049兲簋（四期）

1050兲簋（三期）

1051兲簋

〢。

1052〢簋（四期）

〢。

1053〢簋（三期）

〢。

1054〢簋（四期）

〢。

1055〢簋（三、四期）

〢。

1056〢簋（二、三期）

。

1057簋

1058 盉簋（三期）

1059 盉簋

1060 盉簋（二、三期）

1061 盉簋（二、三期）

1062 盉簋

1063 盉簋（四期）

鸮。

1064鸮簋（四期）

鸮。

1065鸮簋（四期）

戈。

1066戈簋（二期）

戈。

1067戈簋

戈。

1068戈簋（商末周初）

戈。

1069戈簋（四期）

戈。

1070戈簋（商末周初）

酰。

1071酰簋（四期）

受。

1072受簋（三期）

受。

1073受簋（二期）

⌒。

1074⌒簋（二期）

五。

1075五簋

九。

1076九簋（四期）

九。

1077九簋（四期）

爵。

1078爵簋（二期）

穴。

1079穴簋

夙。

1080夙簋（二期）

啓。

1081啓簋（二、三期）

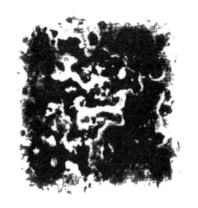

1082∺簋（商末周初）

1083囶簋（四期）

1084黃簋（二、三期）

1085舟簋（二期）

1086舟簋（四期）

1087罗簋（三期）

見。

1088見簋（二期）

爰。

1089爰簋（三期）

伊。

1090伊簋（三期）

骰。

1091骰簋（二期）

骰。

1092骰簋（二期）

⊗。

1093⊗簋（三期）

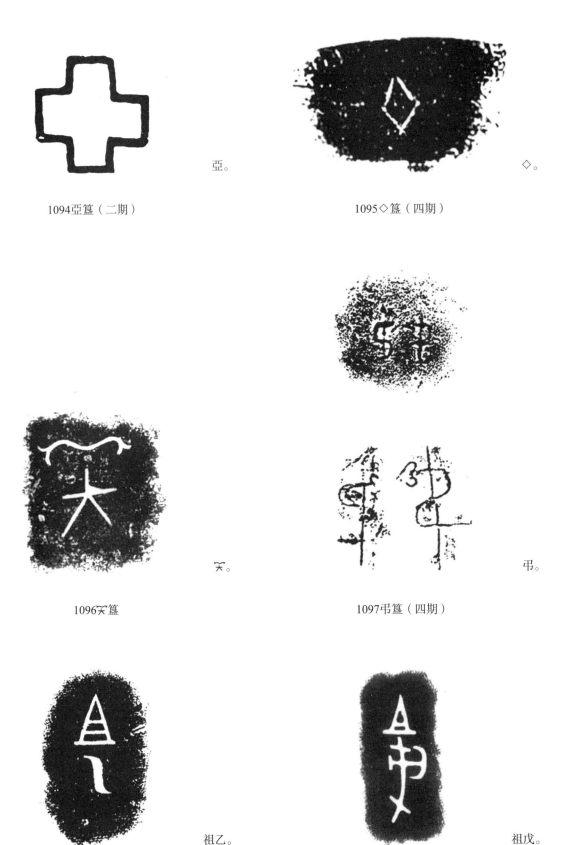

亞。

1094亞簋（二期）

◇。

1095◇簋（四期）

天。

1096天簋

弔。

1097弔簋（四期）

祖乙。

1098祖乙簋

祖戊。

1099祖戊簋（三、四期）

父己。

1100父己簋（四期）

父己。

1101父己簋

父辛。

1102父辛簋

戊乙。

1103戊乙簋（三期）

戈乙。

1104戈乙簋（三期）

戈己。

1105戈己簋（三、四期）

魚乙。

1106魚乙簋

卷丁。

1107卷丁簋（三期）

（蓋）

（器）

天己。

1108何戊簋（三期）

1109天己簋

何戊。

佣辛。

1110佣辛簋（三期）

冈辛。

1111冈辛簋（三、四期）

子癸。

1112子癸簋（四期）

子南。

1113子南簋（二、三期）

子妻。

1114子妻簋

子妻。

1115子妻簋

子妥。

1116子妥簋

子妥。

1117子妥簋（二期）

子昊。

1118子昊簋（三期）

子孤。

1119子孤簋

子虁。

1120子虁簋（三期）

婦妽。

1121婦妽簋（三期）

守婦。

1122守婦簋（三期）

婦旋。

1123婦旋簋（二期）

彝母。

1124彝母簋（三期）

襄母。

1125襄母簋（三期）

戌乙。

1126戌乙簋（四期）

戌丁。

1127戌丁簋（四期）

戌己。

1128戌己簋（三期）

戌癸。

1129戌癸簋（二期）

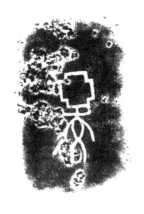

亞矣。

1130亞矣簋（二期）

亞矣。

1131亞矣簋

亞奚。

1132亞奚簋（三期）

亞告。

1133亞告簋（三期）

亞�。

1134亞龡簋（四期）

亞龡。

1135亞龡簋

亞龘。亞龘。諸姒太子尊彝。

1136亞龘簋（四期）

亞龘。

1138亞龘簋（四期）

亞盥。

1139亞盥簋（三期）

亞龘。

1137亞龘簋（四期）

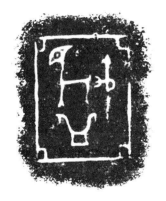

亞龘。

1140亞龘簋

亞獏。

1141亞獏簋

亞夫。

1142亞夫簋（三期）

亞光。

1143亞光簋（四期）

亞登。

1144亞登簋

亞乑。

1145亞乑簋（四期）

酉己。

1146酉己簋（三期）

乑冊。

1147乑冊簋

光冊。

1148光冊簋（三、四期）

允冊。

1149允冊簋（四期）

鄉宁。

1150鄉宁簋（二期）

宁匋。

1151宁匋簋（四期）

𤔅叔。

1152𤔅叔簋（四期）

𤔅通。

1153𤔅通簋（商末周初）

萁邑。

1154萁邑簋（三、四期）

弔黽。

1155弔黽簋（三期）

▲萬。

1156▲萬簋

祄。

1157祄簋（二、三期）

北單。

1158北單簋

秉盾。

1159秉盾簋

禾年。

1160禾年簋

甗。

1161甗簋

珥。

1162珥簋（三期）

珥罟。

1163珥罟簋

亦車。

1164亦車簋（二期）

車徙。

1165車徙簋（三期）

正侯。

1166正侯簋（二期）

豐。

1167豐簋

宰旅。

1168宰旅簋（三期）

冊祖丁。

1169冊祖丁簋（二、三期）

冊父辛。

1170冊父辛簋

門祖丁。

1171門祖丁簋（二、三期）

竹祖丁。

1172竹祖丁簋（四期）

戈祖己。

1173戈祖己簋

戈父甲。

1174戈父甲簋（四期）

戈父乙。

1175戈父乙簋

戈父丁。

1176戈父丁簋（二期）

戈父丁。

1177戈父丁簋

戈母丁。

1178戈母丁簋（商末周初）

戈亳冊。

1179戈亳冊簋（三期）

⌐祖辛。

1180⌐祖辛簋

田父甲。

1181田父甲簋（商末周初）

蔇父乙。

1182蔇父乙簋

蔇父乙。

1183蔇父乙簋

蕽父乙。

1184蕽父乙簋（四期）

蕽父乙。

1185蕽父乙簋

蕽父丁。

1186蕽父丁簋

蕽父丁。

1187蕽父丁簋（四期）

蕽母辛。

1188蕽母辛簋

𠀠父乙。

1189𠀠父乙簋（四期）

咸父乙。

1190咸父乙簋

夆父丁。

1191夆父丁簋（三期）

雋父乙。

1192雋父乙簋（四期）

夨父乙。

1193夨父乙簋

夨父己。

1194夨父己簋

夨父己。

1195夨父己簋（四期）

黿父乙。

1196黿父乙簋

黿父丁。

1197黿父丁簋

黿父戊。

1198黿父戊簋

茍父乙。

1199茍父乙簋

爻父乙。

1200爻父乙簋（三期）

𠂤父乙。

1201𠂤父乙簋（四期）

凡父丁。

1202凡父丁簋（四期）

粗父丁。

1203粗父丁簋（四期）

虎父丁。

1204虎父丁簋（四期）

子父丁。

1205子父丁簋（四期）

子父戊。

1206子父戊簋（四期）

舊父戊。

1207舊父戊簋

奴父戊。

1208奴父戊簋（四期）

京父己。

1209京父己簋

車父己。

1210車父己簋（三、四期）

父己。

1211父己簋（二期）

埶父己。

1212埶父己簋

鳶父辛。

1213鳶父辛簋

析父辛。

1214析父辛簋（四期）

串父辛。

1215串父辛簋（四期）

串父辛。

1216串父辛簋（四期）

酉父癸。

1217酉父癸簋（四期）

（蓋）

（器）　⚬父癸。

1218⚬父癸簋

獸父癸。

1219獸父癸簋

昄父癸。

1220昄父癸簋

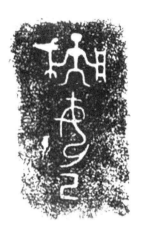

戎母己。

1221戎母己簋（四期）

豙妣辛。

1222豙妣辛簋（四期）

放母鳶。

1223放母鳶簋

婦酙咸。

1224婦酙咸簋（商末周初）

亞奧止。

1225亞奧止簋（三期）

1085

尬乙。

1226尬乙簋

天己丁。

1227天己丁簋（商末周初）

▲止子。

1228▲止子簋

辰寝出。

1229辰寝出簋（二期）

北單戠。

1230北單戠簋（二期）

西單隻。

1231西單隻簋（三、四期）

舟父己。

1232舟父己簋

作母皿。

1233作母皿簋

亞啓父乙。

1234亞啓父乙簋

亞矢父乙。

1235亞矢父乙簋（二期）

亞束父丁。

1236亞束父丁簋（商末周初）

亞萱父丁。

1237亞萱父丁簋

亞醜父丁。

1238亞醜父丁簋（四期）

亞醜父辛。

1239亞醜父辛簋

亞醜父辛。

1240亞醜父辛簋（四期）

亞醜父辛。

1241亞醜父辛簋

亞竝父己。

1242亞竝父己簋（商末周初）

亞羿父辛。

1243亞羿父辛簋（三期）

亞龔父辛。

1244亞龔父辛簋（二期）

亞𠬞父癸。

1245亞𠬞父癸簋（四期）

亞尤黿□。

1246亞尤黿□簋（三期）

亞獏母辛。

1247亞獏母辛簋（四期）

丩盾父戊。

1248丩盾父戊簋

帝冊父乙。

1249帝冊父乙簋

1089

驪父丁。

1250驪父丁簋

（蓋）

（器）

文暊父丁。

1251文暊父丁簋（商末周初）

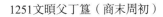羊父丁。

1252羊父丁簋

羊父丁。

1253羊父丁簋（商末周初）

父丁。

1254父丁簋

□□父丁。

1255□□父丁簋（四期）

北覃父己。

1256北覃父己簋

耳衡父癸。

1257耳衡父癸簋

鄉宁父癸。

1258鄉宁父癸簋（四期）

（蓋）

（器）　彭母彝。𠦪。

1259彭母簋

夕鼎父乙。

1260夕鼎父乙簋

玄冊父癸。

1261玄冊父癸簋（三期）

1091

鳥嫉弄彝。

1262鳥嫉簋（四期）

耶髟婦㝅。

1263耶髟婦㝅簋（四期）

子糸▲刀。

1264子糸▲刀簋（四期）

母嫥日辛。

1265母嫥日辛簋（四期）

北單父乙。

1266北單父乙簋（四期）

◇睪荀父乙。

1267◇睪荀父乙簋

西單𤔲祖己。

1268西單𤔲祖己簋（四期）

庚豕馬父乙。

1269庚豕馬父乙簋（四期）

亞𠄟覃父乙。

1270亞𠄟覃父乙簋（四期）

子眉▲父乙。

1271子眉▲父乙簋

秉盾冊父乙。

1272秉盾冊父乙簋（四期）

戈亳冊父丁。

1273戈亳冊父丁簋

◆◣作父丁。

1274◆◣父丁簋（商末周初）

亞盤父丁隻。

1275亞盤父丁簋（三、四期）

（蓋）

（器）　大丏作母彝。

1276大丏簋（四期）

受祖己父辛。

1277受祖己父辛簋（二期）

文父乙卯婦娸。

1278文父乙簋

偁缶作祖癸。

1279偁缶作祖癸簋（商末周初）

宔父丁尊彝。眔冊。

1280眔冊簋

（蓋）

（器）

作父乙寶彝。

1281作父乙簋（四期）

戈厚作兄日辛寶彝。

1282戈厚作兄日辛簋（商末周初）

亞。若癸、自乙、受丁、旂乙。

1283亞若癸簋（四期）

子醬在寘，作文父乙彝。

1284子醬簋（四期）

戠北單冊。奴作父辛尊彝。

1285奴作父辛簋（商末周初）

1095

辛卯，王賜寑魚貝，用作父丁彝。

1286寑魚簋（四期）

（蓋）

（器）

己亥，王賜貝，在闌，
用作父己尊彝。亞古。

1287亞古作父己簋（四期）

乙未，卿事賜小子䍙貝二百，
用作父丁尊簋。蕻。（僞銘）

1288小子䍙簋（陳佩芬等疑僞，可從）

亞舟。乙亥，王賜巂𢾊玉十玨、璋，
用作祖丁彝。

1289巂𢾊簋

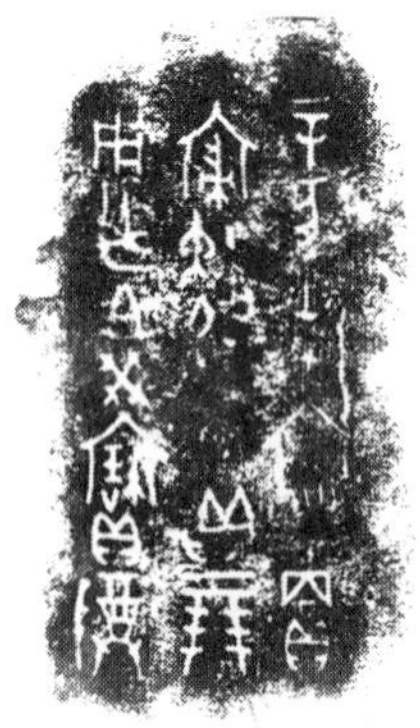

辛亥，王在寑，賞寑敄□貝二朋，
用作祖癸寶尊。

1290寑敄簋

辛巳，王飲多亞，聑就邐（列），
賜貝二朋，用作大子丁。聑[illegible]。

1291聑簋（四期）

癸巳，弐賞小子鋚貝十朋，在上糮，
唯弐令伐夷方，鋚賓貝，用作文父丁尊彝，
在十月四。莫。

1292小子鋚簋（四期）

戊辰，弜師賜絆𡠗户𧵒貝，用作父乙寶彝，
在十月一，唯王曰祀，彤日，遘于妣戊武乙奭，
彖一。率旅。

1293絆作父乙簋（四期）

豆　匕

蓺叔。

1294🔲豆（四期）

1295蓺叔豆（四期）

亞夨。

蓺父癸。

1296亞夨豆

1297蓺父癸豆（四期）

串🔲父丁。

🔲匕。

1298串🔲父丁豆

1299🔲匕

 亞念。

 亞𡴪辛覃乙。

1300亞念匕   1301亞𡴪匕（三期）

卣

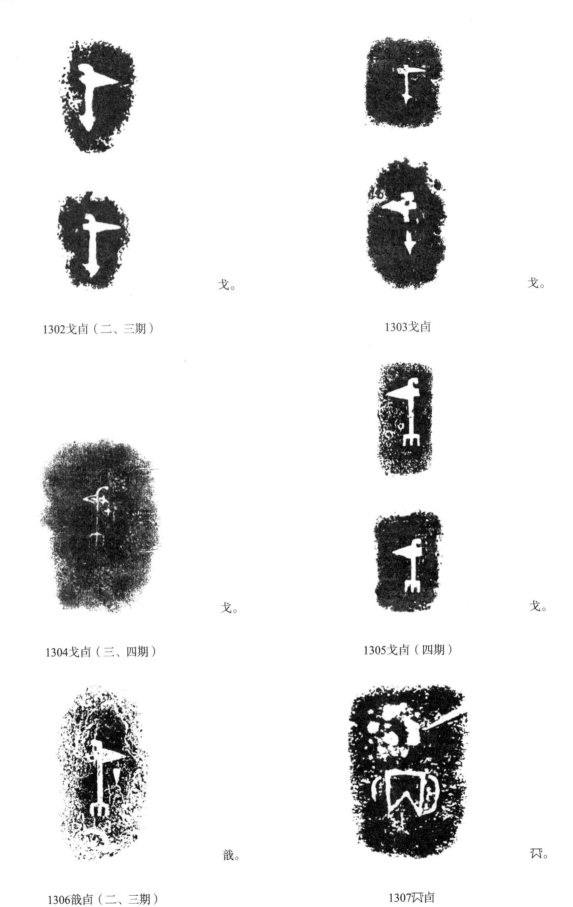

戈。

1302戈卣（二、三期）

戈。

1303戈卣

戈。

1304戈卣（三、四期）

戈。

1305戈卣（四期）

戠。

1306戠卣（二、三期）

冈。

1307冈卣

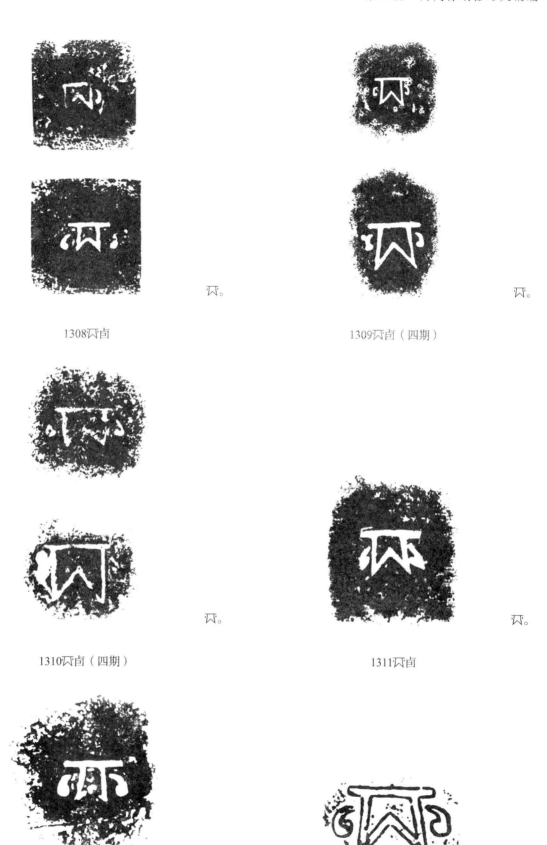

1308冓卣

1309冓卣（四期）

1310冓卣（四期）

1311冓卣

1312冓卣（二、三期）

1313冓卣（四期）

1314冈卣

1315冈卣（四期）

1316冈卣（四期）

1317冈卣（三、四期）

史。

史。

1318史卣（二期）

1319史卣

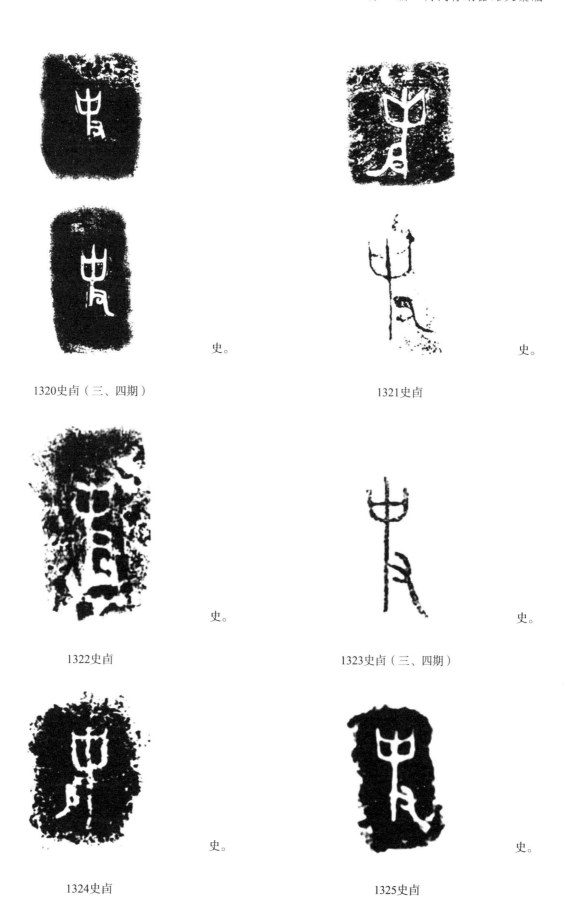

史。

1320史卣（三、四期）

史。

1321史卣

史。

1322史卣

史。

1323史卣（三、四期）

史。

1324史卣

史。

1325史卣

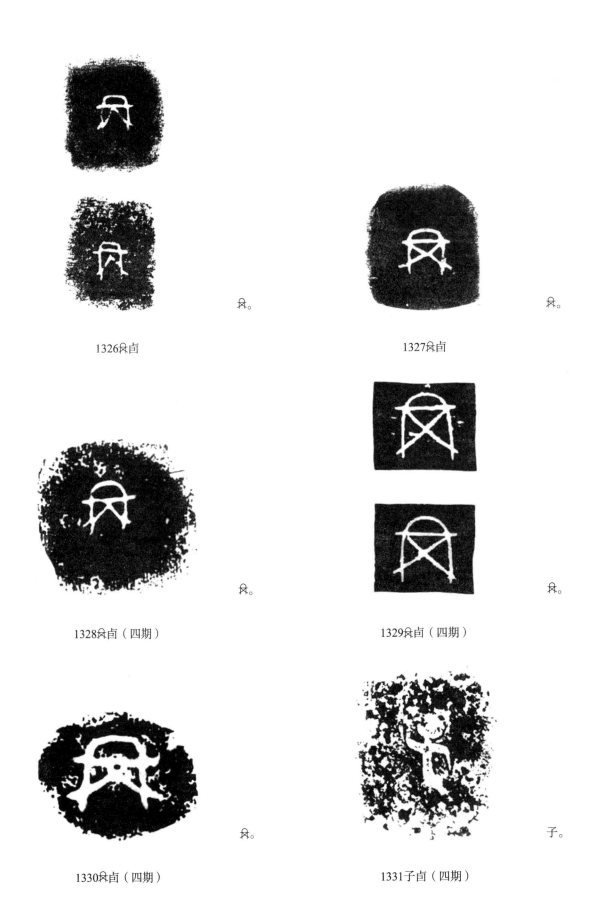

1326𢎨卣

1327𢎨卣

1328𢎨卣（四期）

1329𢎨卣（四期）

1330𢎨卣（四期）

1331子卣（四期）

立。

1332立卣（三、四期）

奚。

1333奚卣（三期）

執。

1334執卣（三、四期）

斝。

1335斝卣（二、三期）

受。

1336受卣（三、四期）

爰。

1337爰卣（三期）

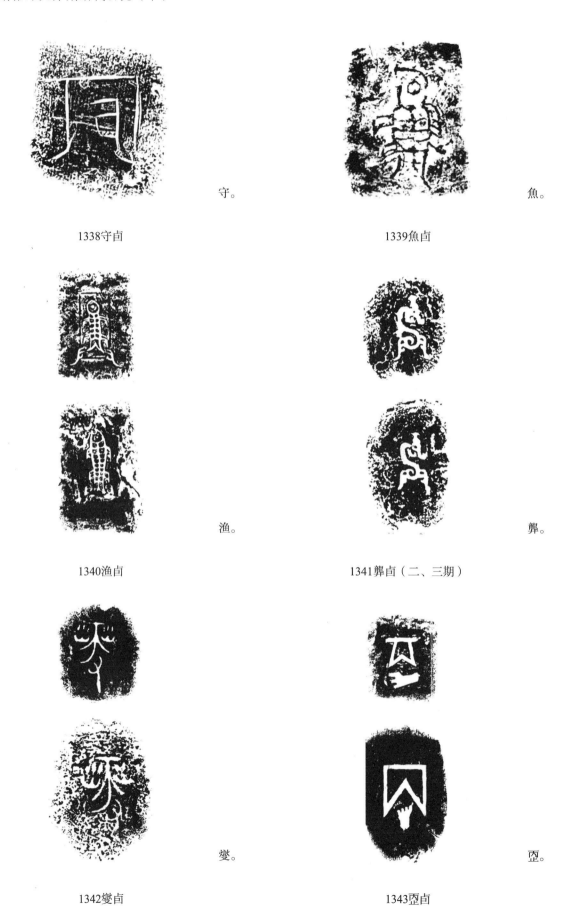

守。

1338守卣

魚。

1339魚卣

漁。

1340漁卣

龏。

1341龏卣（二、三期）

燮。

1342燮卣

亞。

1343亞卣

嵒。

1344嵒卣（四期）　　　　　　　　　　1345嵒卣

禾。　　　　　　　　　　　　　　　　禾。

1346禾卣（三期）　　　　　　　　　　1347禾卣（三期）

￥。　　　　　　　　　　　　　　　　羧。

1348￥卣　　　　　　　　　　　　　　1349羧卣

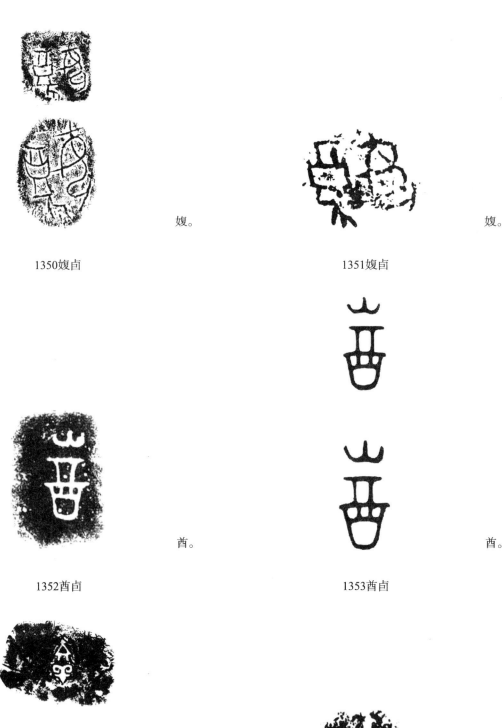

嫂。

1350嫂卣

嫂。

1351嫂卣

酉。

1352酉卣

酉。

1353酉卣

亯。

1354亯卣（三、四期）

衡。

1355衡卣（二期）

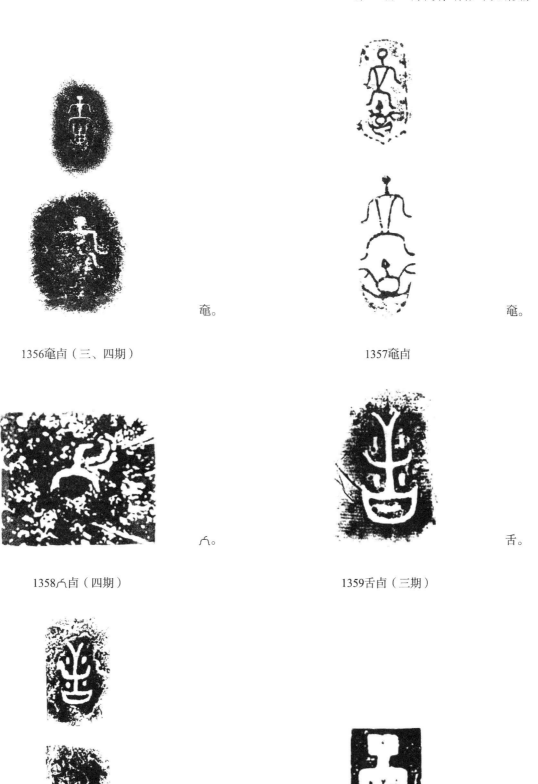

奄。

1356奄卣（三、四期）

奄。

1357奄卣

ㄇ。

1358ㄇ卣（四期）

舌。

1359舌卣（三期）

舌。

1360舌卣（三期）

天。

1361天卣（四期）

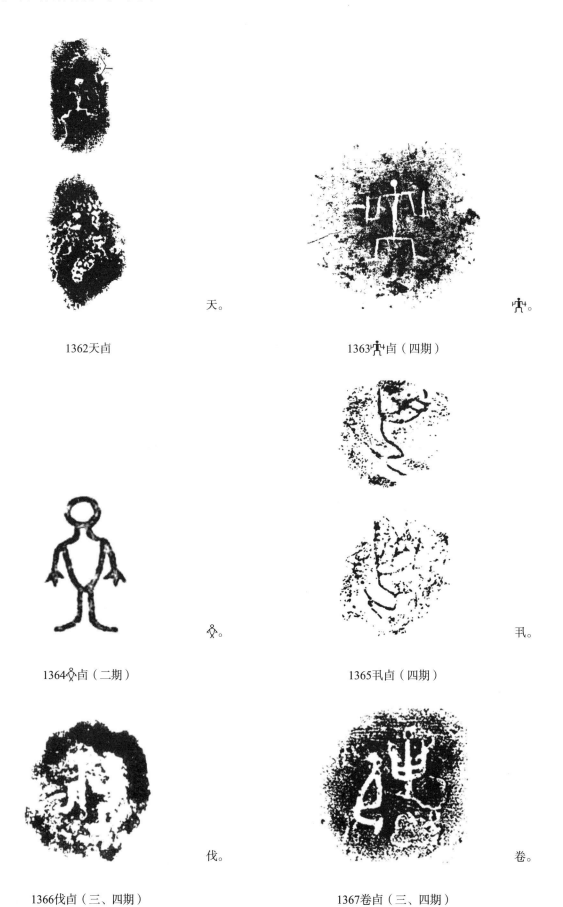

天。

1362天卣

1363𡗥卣（四期）

1364𡗥卣（二期）

1365卂卣（四期）

卂。

1366伐卣（三、四期）

伐。

1367卷卣（三、四期）

卷。

戠。

1368戠卣

1369🔲卣

衛。

1370衛卣（二期）

葡。

1371葡卣

葡。

1372葡卣（二期）

1373🔲卣

孤。

1374孤卣（三期）

龍。

1375龍卣（三期）

更。

1376更卣（二、三期）

弔。

1377弔卣（三、四期）

鳶。

1378鳶卣（三、四期）

隻。

1379隻卣（三期）

麋。

1380麋卣（三、四期）

牛。

1381牛卣（二、三期）

牛。

1382牛卣（二、三期）

叉。

1383叉卣（二、三期）

叹。

1384叹卣（四期）

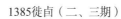

徙。

1385徙卣（二、三期）

1115

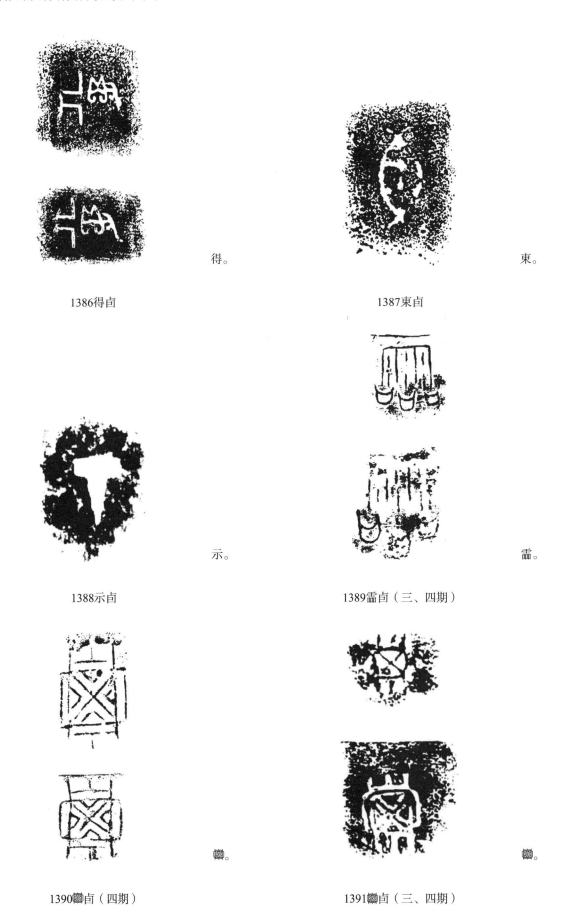

得。

1386得卣

東。

1387東卣

示。

1388示卣

霝。

1389霝卣（三、四期）

1390▨卣（四期）

1391▨卣（三、四期）

囟。

1392囟卣

爻。

1393爻卣（四期）

耳。

1394耳卣

爾。

1395爾卣

婡。

1396婡卣（三期）

藝。

1397藝卣（三、四期）

蘷。

1398蘷卣（三期）

羊。

1399羊卣（四期）

融。

1400融卣（四期）

明。

1401明卣（四期）

○。

1402○卣（四期）

丹。

1403丹卣（三期）

亞伐。

車。

1404車卣（二、三期）

1405亞伐卣（三期）

亞醜。

亞醜。

1406亞醜卣

1407亞醜卣

亞醜。

亞醜。

1408亞醜卣（四期）

1409亞醜卣（三期）

亞酰。

1410亞酰卣（四期）

亞酰。

1411亞酰卣（三、四期）

亞址。

1412亞址卣（三期）

亞𬱖。

1413亞𬱖卣

亞奚。

1414亞奚卣

亞吳。

1415亞吳卣（二期）

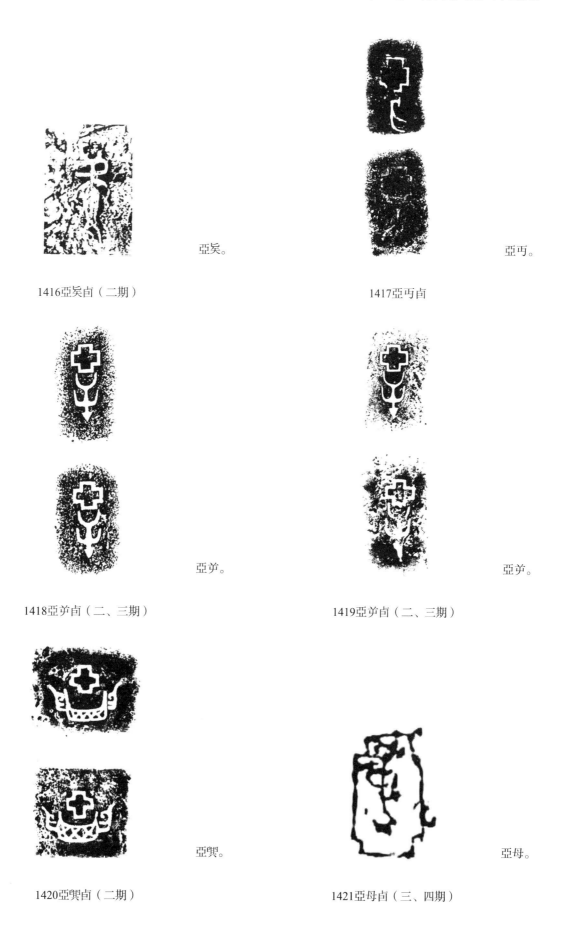

亞夨。

1416亞夨卣（二期）

亞丏。

1417亞丏卣

亞屰。

1418亞屰卣（二、三期）

亞屰。

1419亞屰卣（二、三期）

亞巺。

1420亞巺卣（二期）

亞母。

1421亞母卣（三、四期）

亞盥。

1422亞盥卣（三期）

亞告。

1423亞告卣（四期）

亞玐。

1424亞玐卣（四期）

亞奠。

1425亞奠卣

祖辛。

1426祖辛卣（三期）

父乙。

1427父乙卣

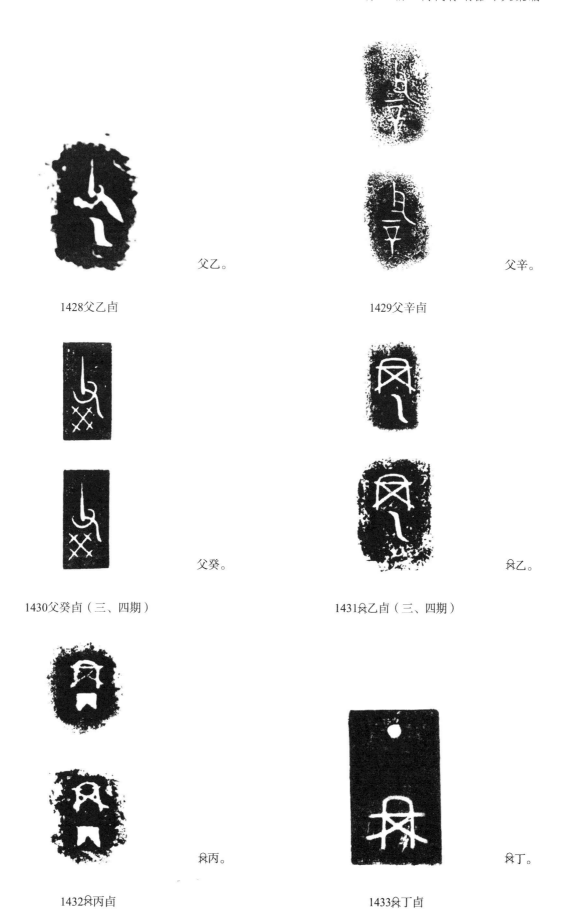

父乙。

1428父乙卣

父辛。

1429父辛卣

父癸。

1430父癸卣（三、四期）

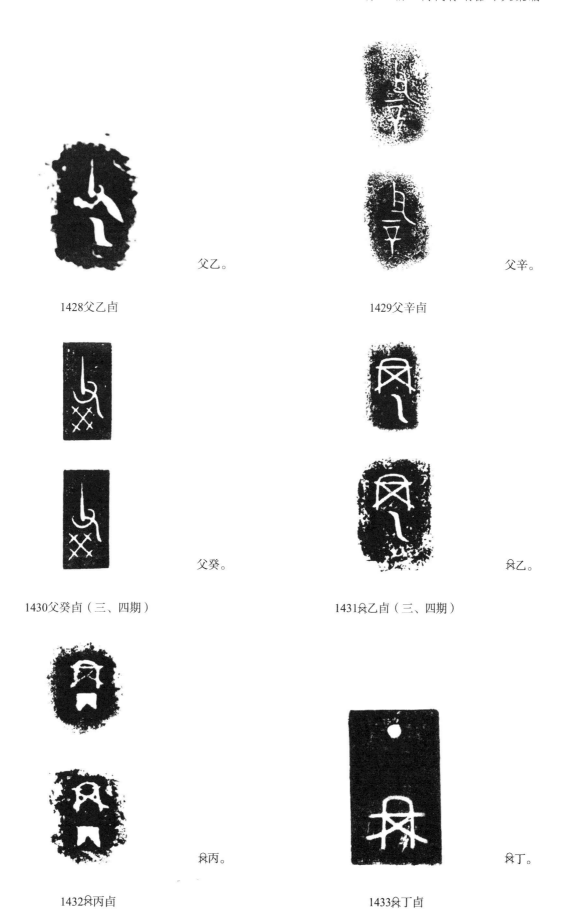乙。

1431乙卣（三、四期）

丙。

1432丙卣

丁。

1433丁卣

1434 矢己卣　　矢己。

1435 矢辛卣（四期）　　矢辛。

1436 矢癸卣（三、四期）　　矢癸。

1437 矢盠卣　　矢盠。

1438 矢屰卣（四期）　　矢屰。

1439 矢屰卣　　矢屰。

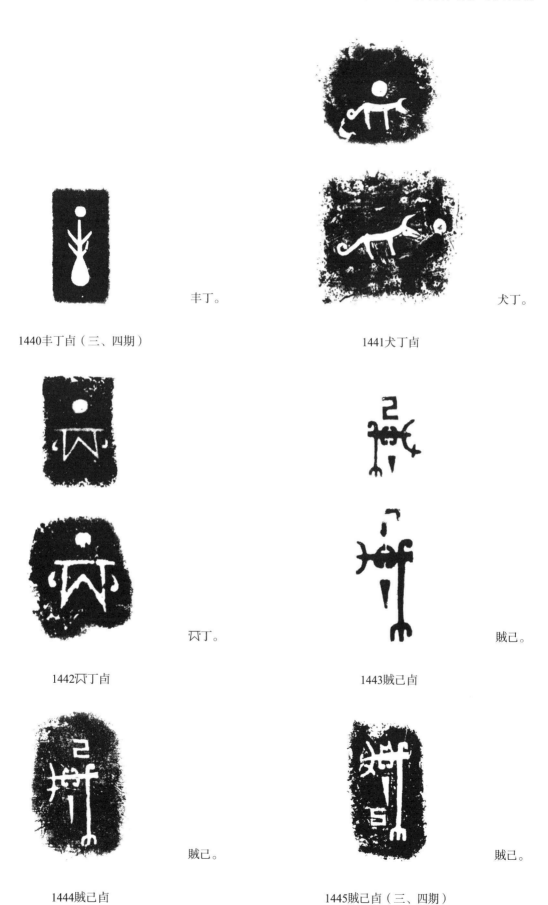

丰丁。

1440丰丁卣（三、四期）

犬丁。

1441犬丁卣

丌丁。

1442丌丁卣

賊己。

1443賊己卣

賊己。

1444賊己卣

賊己。

1445賊己卣（三、四期）

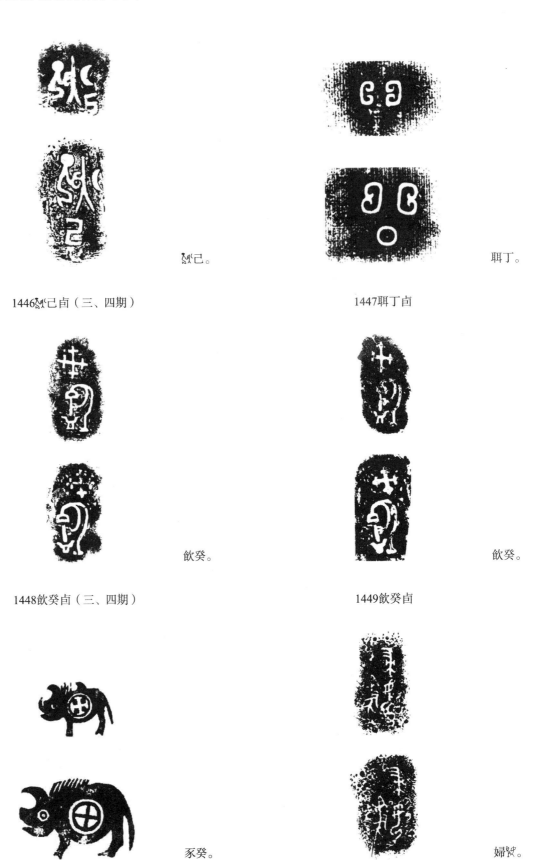

𢼸己。

1446𢼸己卣（三、四期）

聑丁。

1447聑丁卣

飲癸。

1448飲癸卣（三、四期）

飲癸。

1449飲癸卣

豕癸。

1450豕癸卣

婦𡚼。

1451婦𡚼卣

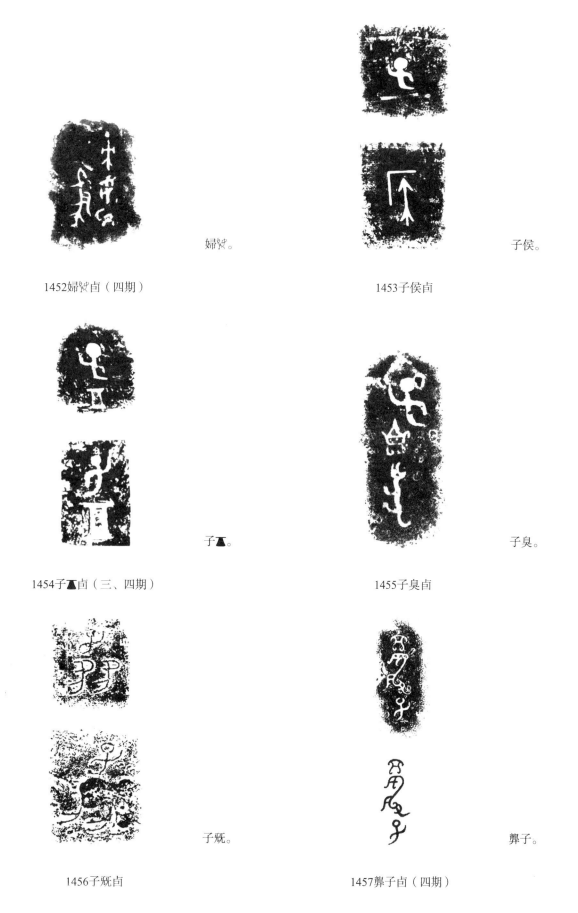

婦𡚱。

1452婦𡚱卣（四期）

子侯。

1453子侯卣

子▲。

1454子▲卣（三、四期）

子臭。

1455子臭卣

子妣。

1456子妣卣

龏子。

1457龏子卣（四期）

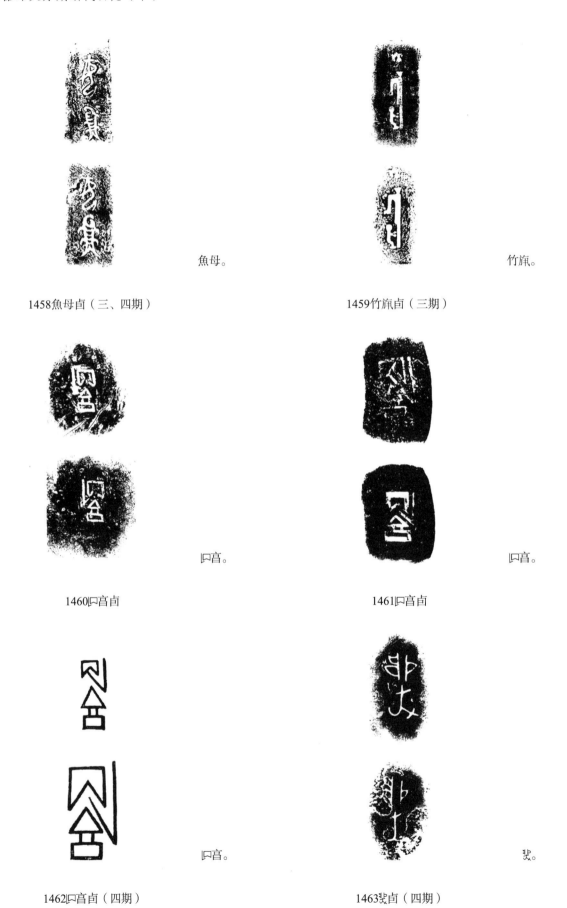

魚母。

1458魚母卣（三、四期）

竹旂。

1459竹旂卣（三期）

□畜。

1460□畜卣

□畜。

1461□畜卣

□畜。

1462□畜卣（四期）

戈。

1463戈卣（四期）

木戉。

1464木戉卣（三、四期）

刀。

1465刀卣（四期）

龺皿。

1466龺皿卣（四期）

㠯耳。

1467㠯耳卣（三、四期）

㠯戈。

1468㠯戈卣

徣冊。

1469徣冊卣

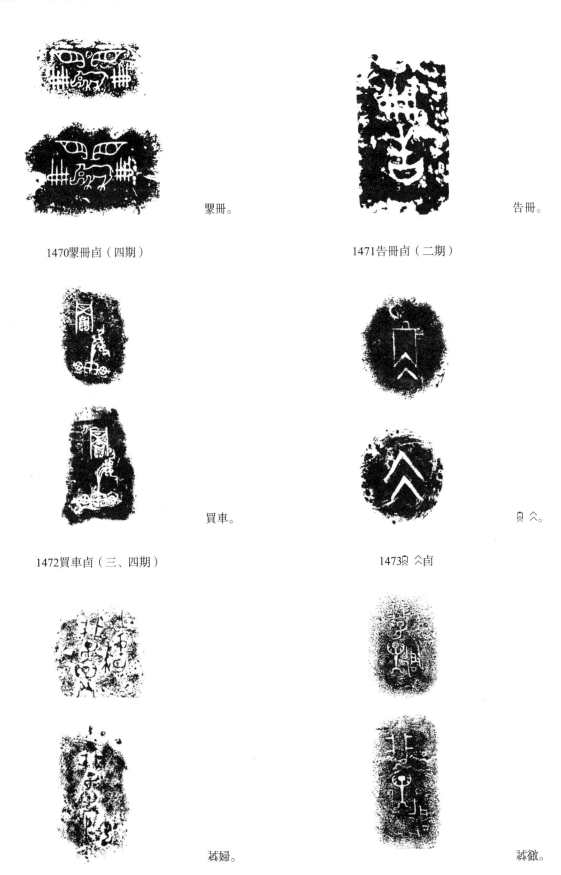

騣冊。

1470騣冊卣（四期）

告冊。

1471告冊卣（二期）

買車。

1472買車卣（三、四期）

1473 卣

蓺婦。

1474蓺婦卣

蓺徹。

1475蓺徹卣

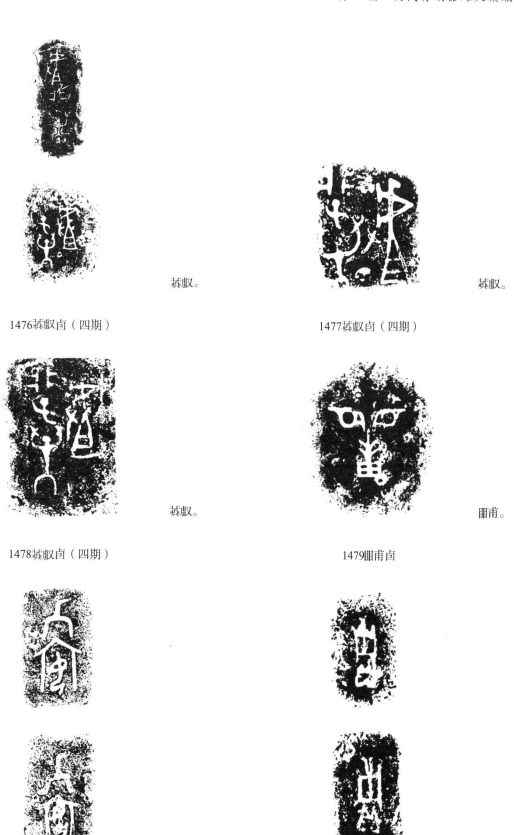

蛛叡。

1476蛛叡卣（四期）

蛛叡。

1477蛛叡卣（四期）

蛛叡。

1478蛛叡卣（四期）

毌甫。

1479毌甫卣

入安。

1480入安卣

苟貝。

1481苟貝卣（二、三期）

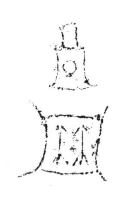

戈葡。

1482戈葡卣（四期）

丰徵乎。

1483丰徵乎卣

妥爾。

1484妥爾卣（三期）

鳥祖甲。

1485鳥祖甲卣（四期或周早）

鳥父甲。

1486鳥父甲卣（四期或周早）

祖乙。

1487祖乙卣（三、四期）

1132

子祖丁。

子祖己。

1488子祖丁卣（四期）

1489子祖己卣

子祖癸。

子父乙。

1490子祖癸卣

1491子父乙卣（四期）

子父丁。

子父庚。

1492子父丁卣

1493子父庚卣

子辛智。

1494子辛智卣

豻祖戊。

1495豻祖戊卣

𡩡祖戊。

1496𡩡祖戊卣（四期）

鳶祖辛。

1497鳶祖辛卣（四期）

𠦪祖癸。

1498𠦪祖癸卣

𠦪父甲。

1499𠦪父甲卣

冄父乙。

1500冄父乙卣

冄父己。

1501冄父己卣

冄父己。

1502冄父己卣（三、四期）

冄父辛。

1503冄父辛卣

蓃祖癸。

1504蓃祖癸卣

蓃父乙。

1505蓃父乙卣（四期）

蒸父丁。

蒸父己。

1506蒸父丁卣

1507蒸父己卣（四期）

蒸父己。

蒸父辛。

1508蒸父己卣（四期）

1509蒸父辛卣（四期）

蒸父癸。

蒸母己。

1510蒸父癸卣

1511蒸母己卣

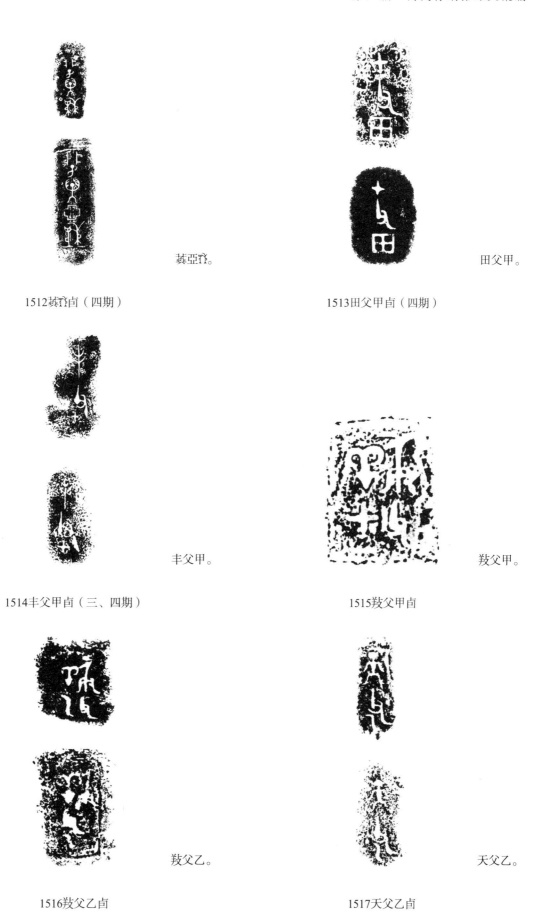

龏亞𤔲。

1512龏𤔲卣（四期）

田父甲。

1513田父甲卣（四期）

丰父甲。

1514丰父甲卣（三、四期）

羖父甲。

1515羖父甲卣

羖父乙。

1516羖父乙卣

天父乙。

1517天父乙卣

天父乙。

1518天父乙卣（商末周初）

天父辛。

1519天父辛卣（四期）

何父乙。

1520何父乙卣（三、四期）

冊父乙。

1521冊父乙卣（三、四期）

魚父乙。

1522魚父乙卣

魚父乙。

1523魚父乙卣（三、四期）

魚父乙。

1524魚父乙卣

魚父乙。

1525魚父乙卣（三、四期）

魚父癸。

1526魚父癸卣（三、四期）

卷父乙。

1527卷父乙卣

夢父乙。

1528夢父乙卣（四期）

黿父乙。

1529黿父乙卣

黽父乙。

1530黽父乙卣（四期）

黽父乙。

1531黽父乙卣

黽父戊。

1532黽父戊卣（三、四期）

黽父辛。

1533黽父辛卣

黽父癸。

1534黽父癸卣

⻊父乙。

1535⻊父乙卣（三、四期）

光祖乙。

1536光祖乙卣（四期）

光父乙。

1537光父乙卣（二、三期）

髙父乙。

1538髙父乙卣

史父乙。

1539史父乙卣

𠭯父乙。

1540𠭯父乙卣

𠭯父乙。

1541𠭯父乙卣

亞父乙。

1542亞父乙卣（四期）

◇父乙。

1543◇父乙卣

析父丙。

1544析父丙卣（四期）

析父丁。

1545析父丁卣（四期）

束父丁。

1546束父丁卣

耒父丁。

1547耒父丁卣

末父丁。

1548末父丁卣（三、四期）

酉父丁。

1549酉父丁卣

酉父己。

1550酉父己卣

酉父辛。

1551酉父辛卣（四期）

爻父丁。

1552爻父丁卣（三、四期）

👁父丁。

1553👁父丁卣（三、四期）

1143

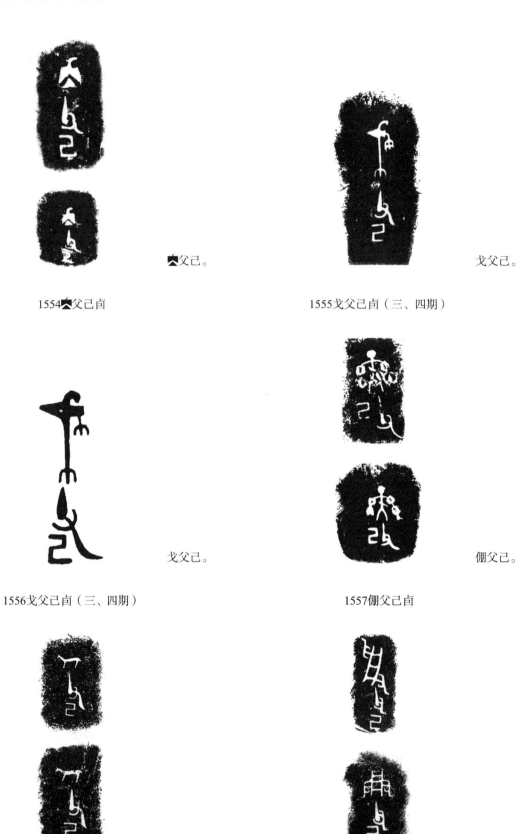

<父己。

1554<父己卣

戈父己。

1555戈父己卣（三、四期）

戈父己。

1556戈父己卣（三、四期）

佣父己。

1557佣父己卣

父己。

1558父己卣（四期）

受父己。

1559受父己卣

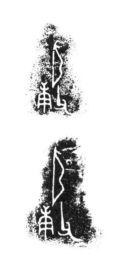

弓父庚。

1560弓父庚卣（四期）

執父辛。

1561執父辛卣（四期）

父辛。

1562父辛卣

父辛。

1563父辛卣

黽父辛。

1564黽父辛卣（四期）

弔父辛。

1565弔父辛卣（三、四期）

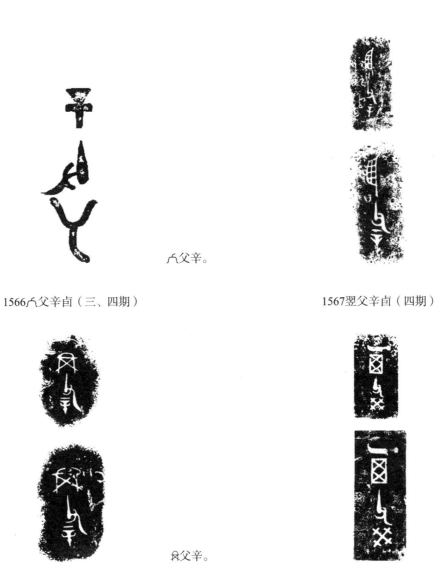

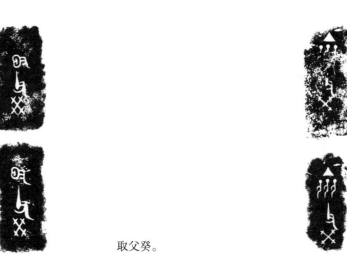

朿父辛。

1566朿父辛卣（三、四期）

翌父辛。

1567翌父辛卣（四期）

舟父辛。

1568舟父辛卣（四期）

囧父癸。

1569囧父癸卣（三、四期）

取父癸。

1570取父癸卣（三、四期）

祘父癸。

1571祘父癸卣（四期）

祖己。

1572祖己卣

父乙。

1573父乙卣（四期）

未祖壬。

1574未祖壬卣（三、四期）

冊父丁。

1575冊父丁卣

比丁癸。

1576比丁癸卣（三、四期）

劦冊竹。

1577劦冊竹卣（三、四期）

1147

西單隻。

1578西單隻卣

秉盾丁。

1579秉盾丁卣（四期）

丁𢆶。

1580𢆶丁卣（四期）

蟲典癸。

1581蟲典癸卣（三期）

盄其𣪘。

1582盄其𣪘卣

林亞俞。

1583林亞俞卣

亞萓術。

1584亞萓術卣（四期）

亞其矣。

1585亞其矣卣（商末周初）

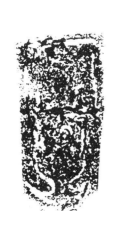

亞宦乩。

1586亞宦乩卣（四期）

。鳥。

1587鳥卣（三、四期）

乇田舌。

1588乇田舌卣（三、四期）

母彝。

1589母彝卣

1149

眔冊祖丁。

眔冊祖丁。

1590眔冊祖丁卣（四期）

1591眔冊祖丁卣（四期）

戈萄祖乙。

萄貝父辛。

1592戈萄祖乙卣（三、四期）

1593萄貝父辛卣（四期）

亞覃父乙。

亞俞父乙。

1594亞覃父乙卣

1595亞俞父乙卣

亞厷父乙。

1596亞厷父乙卣（四期）

亞址父乙。

1597亞址父乙卣（三期）

亞醜父辛。

1598亞醜父辛卣（三、四期）

亞醜杞婦。

1599亞醜杞婦卣（三、四期）

亞獏父辛。

1600亞獏父辛卣（四期）

亞得父癸。

1601亞得父癸卣（三、四期）

亞奠皇祈。

1602亞奠皇祈卣（三、四期）

陸冊父甲。

1603陸冊父甲卣

陸冊父乙。

1604陸冊父乙卣

陸冊父庚。

1605陸冊父庚卣

蟲典父乙。

1606蟲典父乙卣

田告父乙。

1607田告父乙卣

子𡠬父乙。

1608子𡠬父乙卣（三、四期）

子𢈕父丁。

1609子𢈕父丁卣（商末周初）

珥田父乙。

1610珥田父乙卣

丩盾父乙。

1611丩盾父乙卣（商末周初）

丩盾父乙、丩盾父戊。

1612丩盾父乙父戊卣（三、四期）

串𤔲父丁。

1613串𤔲父丁卣

串隽父丁。

1614串隽父丁卣（商末周初）

舟丙父丁。

1615舟丙父丁卣

執公父丁、執父丁。

1616執公父丁卣（四期）

又羧父己。

1617又羧父己卣

家戈父庚。

1618家戈父庚卣（三、四期）

婦隻父庚。

1619婦隻父庚卣

　　　　　　　幸父辛。

句飲父辛。

1620　幸父辛卣

1621句飲父辛卣（三、四期）

何疾父癸。

失作父癸。

1622何疾父癸卣（三、四期）

1623失作父癸卣

行天父癸。

畀。♊父癸。

1624行天父癸卣（二、三期）

1625畀♊父癸卣

1155

耳髟婦𡛤。

1626耳髟婦𡛤卣（四期）

婦聿征麝。

1627婦聿卣（三、四期）

𡥀𦥑𠀎辰。

1628𡥀𦥑𠀎辰卣（三、四期）

王作姡弄。

1629王作姡弄卣（四期）

彭母彝。𡉚。

1630彭母卣（商末周初）

闌作尊彝。

1631闌卣（三、四期）

冊子弓萄。

1632冊子弓萄卣（四期）

驪父丁。

1633驪父丁卣（四期）

剻冊父癸。

1634剻冊父癸卣（四期）

母嬃日辛。

1635母嬃日辛卣（四期）

⊕父己戎。　⊕祖己戎。

1636⊕祖己父己卣（三、四期）

⊞祖己父辛。

1637⊞祖己父辛卣

1157

亞虎柩父乙。

1638柩父乙壺（四期）

北子🔲父辛。

1639北子🔲父辛卣（四期）

文暊父丁甌。

1640文暊父丁卣（三、四期）

西單盾父丁。

1641西單盾父丁卣（四期）

丩盾夅父戊。

1642丩盾父戊卣（三、四期）

萁父己母癸。

1643萁父己母癸卣（四期）

鼕作父乙彝。

1644鼕作父乙卣（四期）

鼕扶父辛彝。

1645鼕扶父辛卣

鼕母凸父癸。

1646鼕母凸父癸卣

丙木父辛冊。

1647丙木父辛卣

亞其戈父辛。

1648亞其戈父辛卣（三、四期）

萄戉冊父辛。

1649萄戉冊父辛卣

1159

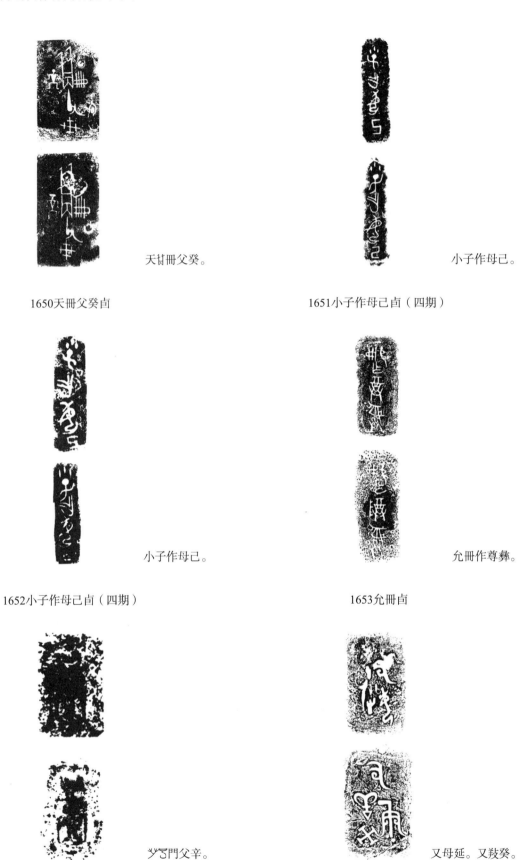

天甘冊父癸。

1650天冊父癸卣

小子作母己。

1651小子作母己卣（四期）

小子作母己。

1652小子作母己卣（四期）

允冊作尊彝。

1653允冊卣

丬弓門父辛。

1654弓門卣（三、四期）

又母延。又羖癸。

1655又羖癸卣

亞品祖乙父己。

1656亞品祖乙父己卣（四期）

蕝祖辛禹。亞軝。

1657蕝祖辛卣（四期）

亞寢㚔寍父乙。

1658寢㚔卣（四期）

亞矢望丩父乙。

1659亞矢望父乙卣

弓天兼未父丙。

1660父丙卣（三、四期）

作丁揚尊彝。黿。

1661黿作丁揚卣

亞虣作季尊彝。

1662亞虣作季卣

宁月作父癸彝。

1663宁月卣（三、四期）

作太子丁尊彝。

1664作太子丁卣（三、四期）

采作父乙彝，舣。
舣作父乙彝。

1665采作父乙卣（三、四期）

荀⊗作父癸尊彝。

1666荀⊗卣（商末周初）

盦。示己、祖丁、父癸。

1667盦示己卣（四期）

輦作妣癸尊彝。𤔲。

1668輦作妣癸卣

亞矣室孤竹父丁。

1669亞矣父丁卣（三、四期）

狽元作父戊尊彝。

1670狽元作父戊卣（商末周初）

𡊁尸作父己尊彝。

1671𡊁尸作父己卣

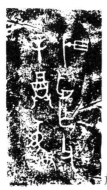

㲋危作父辛尊彝。

1672㲋危作父辛卣

竟作父辛寶尊彝。

1673竟作父辛卣

亞啓父乙。鳥父乙、母告田。

1674告田父乙卣（商末周初）

婦𩫖作文姑日癸尊彝。𡕰。

1675婦𩫖卣（四期）

婦𩫖作文姑日癸尊彝。𡕰。

1676婦𩫖卣（四期）

汝子小臣兒作己尊彝。𡕰。

1677小臣兒卣（四期）

辛卯，子賜寓貝，用作𣪕。𤔲。

1678寓卣（三、四期）

亞𠂤。宛𧰼作父癸寶尊彝。𡕰。

1679宛𧰼作父癸卣

1164

懃作文父日丁寶尊旅彝。弉。

1680懃卣（四期）

王由攸田劦，劦作父丁尊。瀼。

1681劦卣（四期）

王由攸田劦，劦作父丁尊。瀼。

1682劦卣（四期）

王由攸田劦，劦作父丁尊。瀼。

1683劦卣（四期）

丙寅，王賜妖貝朋，用作母乙彝。

1684妖作母乙卣

子賜叔霖璧一，叔霖用作丁師彝。

1685叔霖卣

王賜小臣嗌，賜在寢，用作祖乙尊。爻敢。

1686小臣嗌卣

王賜小臣嗌，賜在寢，用作祖乙尊。爻敢。

1687小臣嗌卣（四期）

戜。辛巳，王賜馭八貝一具，用作父己尊彝。

1688馭卣

亞。庚寅，牻伯譔作丰寶彝。在二月。有佑。）（。

1689牻伯譔卣（四期）

甲寅，子賞小子省貝五朋，
省揚君賞，用作父己寶彝。葚。

1690小子省卣（四期）

王來獸自豆籠，在禳師，王饗酒，
王光宰甫貝五朋，用作寶䵼。

1691宰甫卣（四期）

丁巳，王賜萬省貝，在寒，用作兄癸彝，
在九月，唯王九祀晵日。凸。

1692萬卣（四期）

乙亥，邲其賜作冊掔圭一、琼一，用作祖癸尊彝，
在六月，唯王六祀翌日。亞獏。

1693六祀邲其卣（四期）

亞獏父丁。丙辰，王令邲其貺薉于夆田，
賓貝五朋。在正月，遘于妣丙肜日大乙爽。
唯王二祀，既弜于上下帝。

1694二祀邲其卣（四期）

亞獏父丁。乙巳，王曰尊文武帝乙，宜在召大廳，
遘乙，翌日丙午，鬯，丁未，煑，己酉，王在梌，
邲其賜貝，在四月，唯王四祀翌日。

1695四祀邲其卣（四期）

乙巳，子令小子畬先以人于蕫，子光賞畬貝二朋，
子曰：貝唯丁蔑汝曆，畬用作母辛彝，在十月二，
唯子曰令望人方霉。莪母辛。

1696小子畬卣（四期）

尊

（桑）。

1697（桑）尊

（桑）。

1698（桑）尊（四期）

天。

1699天尊（商末周初）

夫。

1700夫尊（商末周初）

失。

1701失尊（四期）

（甾）。

1702（甾）尊（二期）

何。

1703何尊（二期）

蛛。

1704蛛尊（二期）

蛛。

1705蛛尊（四期）

旟。

1706旟尊

又。

1707又尊

又。

1708又尊

拳。

1709拳尊（四期）

口。

1710口尊

正。

1711正鴉尊（二期）

史。

1712史尊

史。

1713史尊（四期）

史。

1714史尊（四期）

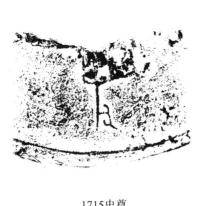

史。

1715史尊

史。

1716史尊

史。

1717史尊（四期）

冊。

1718冊尊

葡。

1719葡尊（二期）

1720𠵨尊

我。

1721我尊（二期）

戈。

1722戈尊（三、四期）

戈。

1723戈尊（四期）

戈。

1724戈尊（四期）

戈。

1725戈尊（四期）

虎。

1726虎尊（二期）

曩。

1727曩尊（二期）

臾。

1728臾尊

臾。

1729臾尊（三期）

臾。

1730臾尊

冈。

1731冈尊（四期）

冈。

1732冈尊（二、三期）

。

1733尊

。

1734尊

。

1735尊

。

1736尊

。

1737尊（四期）

。

1738尊（二、三期）

酉。

1739酉尊

凡。

1740凡尊

凡。

1741凡尊

1742尊（二期）

1743尊（二、三期）

1744尊

宁。

1745宁尊（二期）

亞。

1746亞尊

串。

1747串尊（二期）

李。

1748李尊

爻。

1749爻尊（三期）

羊。

1750羊尊（二期）

1751䍐尊（四期）

1752尃尊（四期）

1753奴尊（四期）

1754剢尊（四期）

1755融尊（四期）

1756融尊

廗。

1757廗尊（二期）

卒旅。

1758卒旅尊

卒旅。

1759卒旅尊

祖戊。

1760祖戊尊（四期）

父乙。

1761父乙尊

父乙。

1762父乙尊（四期）

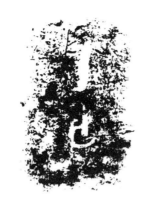

父乙。

1763父乙尊（商末周初）

父丁。

1764父丁尊（四期）

父己。

1765父己尊（二期）

父辛。

1766父辛尊（四期）

父辛。

1767父辛尊（四期）

父辛。

1768父辛尊（四期）

婦好。

1769婦好尊（二期）

婦好。

1770婦好鴞尊（二期）

婦好。

1771婦好鴞尊（二期）

子櫜。

1772子櫜尊（二期）

子櫜。

1773子櫜尊（二期）

子漁。

1774子漁尊（二期）

子龏。

1775子龏尊（二期）

子廍。

1776子廍尊（商末周初）

子狀。

1777子狀尊

鳥祖。

1778鳥祖尊（商末周初）

匿乙。

1779匿乙尊（二期）

㑥丁。

1780㑥丁尊（四期）

戉丁。

1781戉丁尊（二、三期）

戉丁。

1782戉丁尊（三、四期）

戉己。

1783戉己尊

戉龘。

1784戉龘尊

夆丁。

1785夆丁尊

聿辛。

1786聿辛尊（四期）

魚乙。

1787魚乙尊（四期）

亞醜。

1788亞醜尊

亞醜。

1789亞醜尊

亞醜。

1790亞醜尊（四期）

亞醜。

1791亞醜尊（四期）

亞醜。

1792亞醜尊

亞醠（酖）。

1793亞醠尊（四期）

亞龜。

1794亞龜鴞尊（二期）

亞守。

1795亞守尊

亞屰。

1796亞屰尊（四期）

亞夨。

1797亞夨尊（商末周初）

亞夨。

1798亞夨尊（二期）

亞盤。

1799亞盤尊

亞奚。

1800亞奚尊

亞址。

1801亞址尊（三期）

亞址。

1802亞址尊（三期）

亞孔。

1803亞孔尊（四期）

亞孔。

1804亞孔尊（四期）

亞長。

亞長。

1805亞長尊（二期）

1806亞長牛尊（二期）

英叔。

危耳。

1807英叔尊（四期）

1808危耳尊（二期）

聚冊。

鄉宁。

1809聚冊尊（四期）

1810鄉宁尊（二期）

蠱辰。

1811蠱辰尊

丩盾。

1812丩盾尊

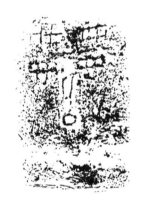

卝卝刀。

1813卝卝刀尊

羊口口。

1814羊口口尊（四期）

買車。

1815買車尊（三、四期）

息尊。

1816息尊尊（四期）

息𠂤。

1817息𠂤尊（四期）

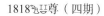

𠃬工。

1818𠃬工尊（四期）

司媟。

1819司媟尊（二期）

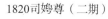

司媟。

1820司媟尊（二期）

己祖乙。

1821己祖乙尊

己祖乙。

1822己祖乙尊

黿祖乙。

1823黿祖乙尊

黿父辛。

1824黿父辛尊

黿父癸。

1825黿父癸尊

祖丁。

1826祖丁尊

父乙。

1827父乙尊（四期）

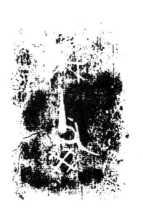

父癸。

1828父癸尊

蕺祖癸。

1829蕺祖癸尊（四期）

蕺父乙。

1830蕺父乙尊（商末周初）

蕺父丁。

1831蕺父丁尊（四期）

蕺母己。

1832蕺母己尊（四期）

冂祖癸。

1833冂祖癸尊

冂父戊。

1834冂父戊尊（四期）

冊父辛。

1835冊父辛尊（四期）

冊父癸。

1836冊父癸尊

冊父癸。

1837冊父癸尊

亞妣辛。

1838亞妣辛尊（四期）

咸妣癸。

1839咸妣癸尊（四期）

山父乙。

1840山父乙尊

山父戊。

1841山父戊尊

東父乙。

1842東父乙尊（二期）

父乙。

1843父乙尊（四期）

休父乙。

1844休父乙尊（三、四期）

母父丁。

1845母父丁尊（四期）

母父丁。

1846母父丁尊

蟲父丁。

1847蟲父丁尊（三、四期）

父丁。

1848父丁尊

婦丁。

1849婦丁尊

父丁。

1850父丁尊（二期）

齊嫄。

1851齊嫄尊（四期）

魚父丁。

1852魚父丁尊（四期）

豕父丁。

1853豕父丁尊

豕父丁。

1854豕父丁尊（四期）

豕父丁。

1855豕父丁尊（四期）

驪父乙。

1856驪父乙尊

驪父乙。

1857驪父乙尊

天父戊。

1858天父戊尊

天羑御。

1859天羑御尊（四期）

父己。

1860父己尊

鼎父己。

1861鼎父己尊（四期）

鼎父己。

1862鼎父己尊（四期）

父己。

1863父己尊（四期）

馬父己。

1864馬父己尊（三、四期）

盾父辛。

1865盾父辛尊

史父乙。

1866史父乙尊

史父壬。

1867史父壬尊（二期）

舟父壬。

1868舟父壬尊

屾父壬。

1869屾父壬尊

戈父壬。

1870戈父壬尊

戈父癸。

1871戈父癸尊（三、四期）

中父癸。

1872中父癸尊（二期）

吷父癸。

1873吷父癸尊

鳥父癸。

1874鳥父癸尊（四期）

舺父己。

1875舺父己尊（四期）

㸚父壬。

1876㸚父壬尊（四期）

卷父己。

1877卷父己尊（四期）

冊父癸。

1879冊父癸尊（四期）

子㢭圖。

1881子㢭圖尊（四期）

父辛。

1878父辛尊（四期）

俪兄丁。

1880俪兄丁尊（四期）

冊宣。

1882冊宣尊（四期）

齒見冊。

1883齒見冊尊（三期）

甌侯妊。

1884甌侯妊尊（四期）

蟲辰父己。

1885蟲辰父己尊（四期）

司嬃癸。

1886司嬃癸尊（二期）

司嬃癸。

1887司嬃癸尊（二期）

母嬃日辛。

1888母嬃日辛尊（四期）

母嬉日辛。

1889母嬉日辛尊（四期）

齒受祖丁。

1890齒受祖丁尊（商末周初）

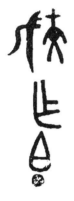

族作祖丁。

1891族尊（商末周初）

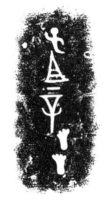

子步祖辛。

1892子步祖辛尊（四期）

子步父乙。

1893子步父乙尊（四期）

失鼎父乙。

1894失鼎父乙尊

失鼎父乙。

1895失鼎父乙尊

夫冊父乙。

1896夫冊父乙尊（三、四期）

亞醜父乙。

1897亞醜父乙尊（四期）

亞醜父丁。

1898亞醜父丁尊

亞啓父乙。

1899亞啓父乙尊（四期）

亞獏父丁。

1900亞獏父丁尊（四期）

亞獏父丁。

1901亞獏父丁尊（四期）

亞父辛。

1902亞父辛尊（三、四期）

亞粦父辛。

1903亞粦父辛尊（四期）

亞天父癸。

1904亞天父癸尊

戎鼎父乙。

1905戎鼎父乙尊

丩盾父戊。

1906丩盾父戊尊

又羧父己。

1907又羧父己尊（四期）

盾父庚。

1908盾父庚尊（四期）

蟲簏父辛。

1909蟲簏父辛尊（四期）

馬父辛。

1910馬父辛尊（三、四期）

刕冊父癸。

1911刕冊父癸尊

刕冊父癸。

1912刕冊父癸尊

何疾父癸。

1913何疾父癸尊（四期）

何疾父癸。

1914何疾父癸尊（四期）

弓夆父癸。

1915弓夆父癸尊

聑髟婦嫀。

1916聑髟婦嫀尊（四期）

作祖戊尊彝。

1917作祖戊尊（四期）

父辛。

1918父辛尊

亞□亢父癸。

1919亢父癸尊

臣辰失父乙。

1920臣辰失父乙尊（四期）

亞羊子征父辛。

1921亞子父辛尊

亞醜。季作尊彝。

1922季尊（四期）

亞醜。叀作尊彝。

1923叀尊（四期）

亞醜。酓作父乙尊彝。

1924酓作父乙尊

輦作妣癸尊彝。。

1925輦作妣癸尊

亞，覃乙、𠂤甲、受日辛。

1926亞覃尊（四期）

亞，覃日乙、受日辛、𠂤日甲。

1927亞覃尊（四期）

亞𤇾。旅矢作父辛彝尊。

1928旅矢父辛尊（周早）

亞醜。者姒大子尊彝。

1929者姒方尊（四期）

亞醜。者姒大子尊彝。

1930者姒方尊（四期）

亞，旋乙、受丁、若癸、臼乙。

1931亞若癸尊

亞，受丁、旋乙、若癸、臼乙。

1932亞若癸尊

子光賞子啓貝，用作文父辛尊彝。萁。

1933子啓父辛尊（四期）

蚘賞小子夫貝二朋，用作父己尊彝。。

1934小子夫父己尊（四期）

丁巳，王省虁𠂤，王賜小臣俞虁貝，
唯王來征人方，唯王十祀又五，肜日。

1935小臣俞尊（四期）

鱓

辛。

1936辛觶（三期）

癸。

1937癸觶（三、四期）

癸。

1938癸觶

子。

1939子觶

子。

1940子觶（三期）

菐。

1941菐觶

蓻。

1942蓻觶（三、四期）

蓻。

1943蓻觶

兴。

1944兴觶（商末周初）

夫。

1945夫觶

文。

1946文觶（商末周初）

羞。

1947羞觶（三、四期）

光。

1948光觶（三期）

旎。

1949旎觶（商末周初）

舌。

1950舌觶

鳴。

1951鳴觶（三、四期）

踁。

1952踁觶（三、四期）

厔。

1953厔觶蓋

屰。

1954屰觶

徙。

1955徙觶

印。

1956印觶

聿。

1957聿觶

受。

1958受觶（二期）

執。

1959執觶（三、四期）

鼓。

1960鼓觶

史。

1961史觶（三、四期）

史。

1962史觶

史。

1963史觶（三、四期）

史。

1964史觶蓋

史。

1965史觶（商末周初）

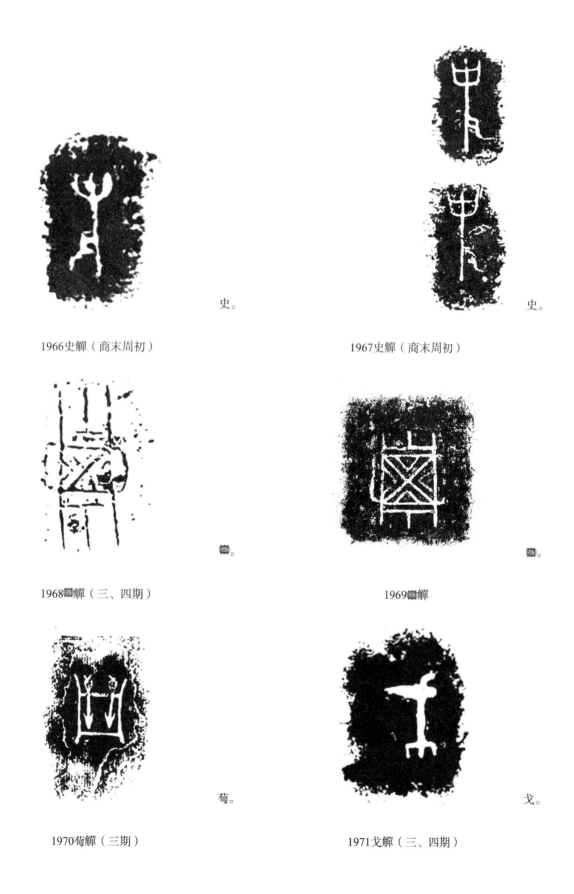

史。

1966史觶（商末周初）

史。

1967史觶（商末周初）

1968觶（三、四期）

1969觶

萄。

1970萄觶（三期）

戈。

1971戈觶（三、四期）

戈。

1972戈觶（三、四期）

戈。

1973戈觶

戈。

1974戈觶（四期）

戈。

1975戈觶（三、四期）

發。

1976發觶（二期）

馬。

1977馬觶

萬。

1978萬觶

鳶。

1979鳶觶

冎。

1980冎觶

冎。

1981冎觶（三期）

冎。

1982冎觶（三、四期）

疒。

1983疒觶

冄。

1984冄觶（四期）

旬。

1985旬觶

串。

1986串觶

息。

1987息觶（四期）

融。

1988融觶（三期）

屰。

1989屰觶（二、三期）

祖丁。

1990祖丁觶（三期）

父乙。

1991父乙觶（三、四期）

父乙。

1992父乙觶（三期）

父乙。

1993父乙觶

父丁。

1994父丁觶

父丁。

1995父丁觶

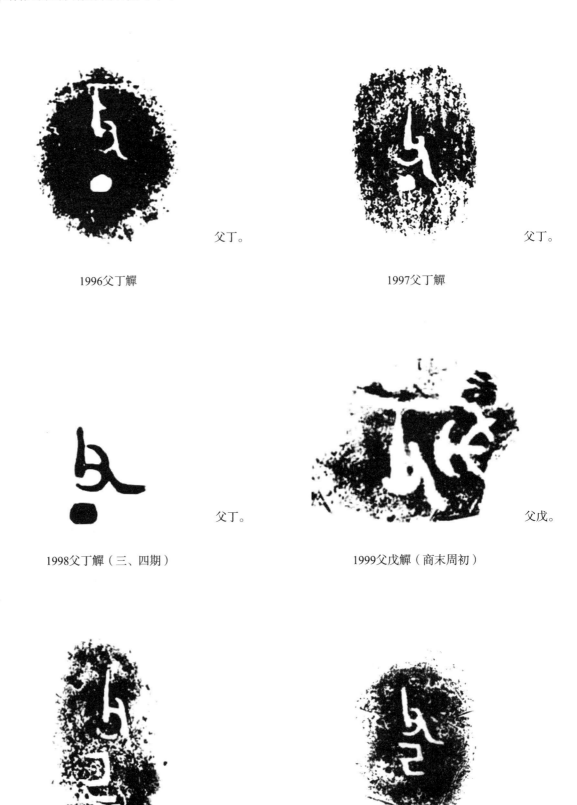

父丁。

1996父丁觶

父丁。

1997父丁觶

父丁。

1998父丁觶（三、四期）

父戊。

1999父戊觶（商末周初）

父己。

2000父己觶

父己。

2001父己觶（四期）

父癸。

2002父癸觶（四期）

母戊。

2003母戊觶（商末周初）

子媚。

2004子媚觶

子橐。

2005子橐觶

子橐。

2006子橐觶

子刀。

2007子刀觶

子弓。

2008子弓觶（三、四期）

婦好。

2009婦好觶（二期）

婦冬。

2010婦冬觶

山婦。

2011山婦觶（二、三期）

婦姦。

2012婦姦觶

婦旋。

2013婦旋觶（三、四期）

守婦。

2014守婦觶

守婦。

2015守婦觶（二期）

※婦。

2016※婦觶（四期）

堇母。

2017堇母觶（三、四期）

龏失。

2018龏失觶

合辛。

2019合辛觶

耴夨。

2020耴夨觶

亞夨。

2021亞夨觶（商末周初）

亞牧。

2022亞牧觶（四期）

亞龖。

2023亞龖觶（三、四期）

亞龖。

2024亞龖觶（三、四期）

亞束。

2025亞束觶（商末周初）

亞重。

2026亞重觶

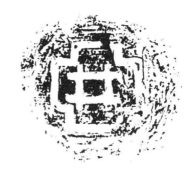

亞井。

2027亞井觶

亞隻。

亞𦎫。

2028亞𦎫觶（三期）

2029亞隻觶

亞址。

亞𡪀。

2030亞址觶（三期）

2031亞𡪀觶（三期）

大丙。

2032大丙觶（商末周初）

冊月。

2033冊月觶

丁。

2034丁觶（商末周初）

戊。

2035戊觶（三、四期）

辛。

2036辛觶

。

2037觶

矞。

2038矞觶（商末周初）

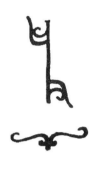

爰□。

2039爰□觶（三期）

弔甌。

2040弔甌觶（三期）

庚豕。

2041庚豕觶（四期）

庮冊。

2042庮冊觶

車豕。

2043車豕觶

羊□。

2044羊□□觶（三、四期）

叔越。

2045越叔觶（商末周初）

北單。

2046北單觶（三、四期）

爾。

2047爾觶（三、四期）

告田。

2048告田觶（四期）

虫乙。

2049虫乙觶（三、四期）

戉荀。

2050戉荀觶（三期）

史乙。

2051史乙觶（商末周初）

史祖乙。

2052史祖乙觶（三、四期）

史父己。

2053史父己觶

封祖乙。

2054封祖乙觶（三、四期）

𠂔祖丙。

2055𠂔祖丙觶

丨<父乙。

2056丨<父乙觶

丨<父乙。

2057丨<父乙觶

丨<父辛。

2058丨<父辛觶

我祖丁。

2059我祖丁觶

▣祖丁。

2060▣祖丁觶

監祖丁。

2061監祖丁觶

襄祖戊。

2062襄祖戊觶（四期）

襄父丁。

2063襄父丁觶

襄父己。

2064襄父己觶

戈祖己。

2065戈祖己觶（商末周初）

戈父丙。

2066戈父丙觶（三、四期）

戈父辛。

2067戈父辛觶（三、四期）

戈父辛。

2068戈父辛觶

𠬝祖癸。

2069𠬝祖癸觶（三期）

征中祖。

2070征中祖觶

葉父乙。

2071葉父乙觶（商末周初）

葉父丁。

2072葉父丁觶（四期）

葉父辛。

2073葉父辛觶

蕤父辛。

2074蕤父辛觶（商末周初）

蕤父癸。

2075蕤父癸觶（商末周初）

蕤父癸。

2076蕤父癸觶

蕤父癸。

2077蕤父癸觶（四期）

蕤母辛。

2078蕤母辛觶

蕤父乙。

2079蕤父乙觶

牧父乙。

2080牧父乙觶（三、四期）

父乙。

2081父乙觶（三、四期）

受父乙。

2082受父乙觶

父乙。

2083父乙觶

父乙。

2084父乙觶

父乙。

2085父乙觶（三期）

冢父乙。

2086冢父乙觶

奄父乙。

2087奄父乙觶

奄父己。

2088奄父己觶

文父乙。

2089文父乙觶（四期）

重父丙。

2090重父丙觶

重父癸。

2091重父癸觶（三、四期）

重父癸。

2092重父癸觶（商末周初）

萬父丁。

2093萬父丁觶

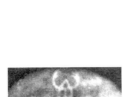

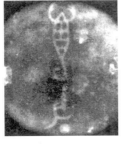

萬父丁。

2094萬父丁觶

萬父己。

2095萬父己觶

舌父丁。

2096舌父丁觶

爻父丁。

2097爻父丁觶

窭父戊。

2098窭父戊觯

㭍父丁。

2099㭍父丁觯

父丁。

2100父丁觯

父己。

2101父己觯

亞龟。

2102亞龟觯（三、四期）

字父己。

2103字父己觯（三、四期）

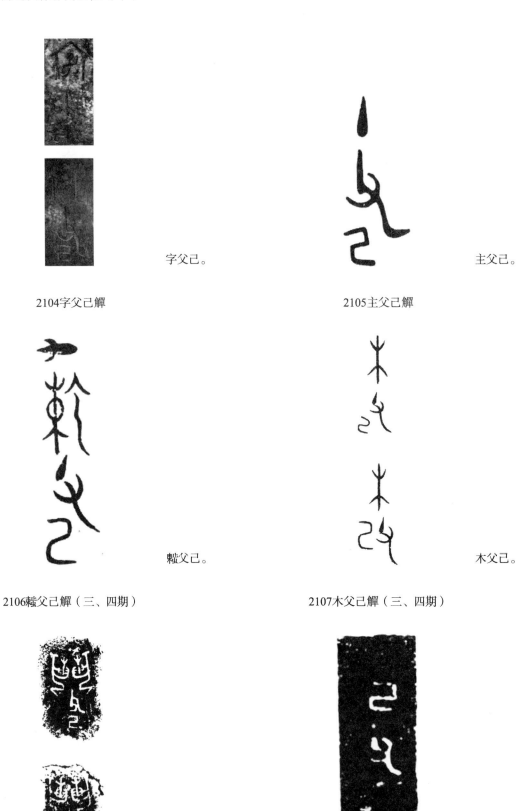

字父己。

2104字父己觶

主父己。

2105主父己觶

趦父己。

2106趦父己觶（三、四期）

木父己。

2107木父己觶（三、四期）

執父己。

2108執父己觶（三、四期）

丯父己。

2109丯父己觶（三、四期）

父己。

2110父己觶

守父己。

2111守父己觶（商末周初）

守父己。

2112守父己觶（三期）

守父辛。

2113守父辛觶（三、四期）

子祖己。

2114子祖己觶

子父庚。

2115子父庚觶（商末周初）

子父辛。

2116子父辛觶

子父辛。

2117子父辛觶（四期）

子▲。乙。

2118子▲觶（四期）

母。羿子。

2119羿子觶（四期）

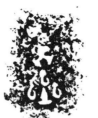

子癸壘。

2120子癸壘觶（三、四期）

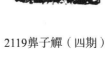

父庚。

2121父庚觶

立父辛。

2122立父辛觶

吳父辛。

2123吳父辛觶

父辛。

2124父辛觶

羊父辛。

2125羊父辛觶

戎父癸。

2126戎父癸觶（三、四期）

叚父癸。

2127叚父癸觶（四期）

爰父癸。

2128爰父癸觶（三期）

魚父癸。

2129魚父癸觶（四期）

羖父癸。

2130羖父癸觶（三、四期）

舺父癸。

2131舺父癸觶

亞父丁。

2132亞父丁觶（商末周初）

亞弜婦。

2133亞弜婦觶（二期）

齒兄丁。

2134齒兄丁觶（商末周初）

奞兄丁。

2135奞兄丁觶（三、四期）

𤕝兄辛。

2136𤕝兄辛觶

秉盾戊。

2137秉盾戊觶（二、三期）

冊㫄。

2138冊㫄觶（四期）

𤕝 省。

2139𤕝 省觶

臼作衡。

2140臼作衡觶

西單𤔲。

2141西單𤔲觶（三、四期）

唐子祖乙。

2142唐子祖乙觶

徙作祖丁。

2143徙作祖丁觶（商末周初）

□合祖己。

2144□合祖己觶

亞丏父丁。

2145亞丏父丁觶

亞執父己。

2146亞執父己觶

廦冊父乙。

2147廦冊父乙觶

庚豕父乙。

2148庚豕父乙觶

榮門父辛。

2149榮門父辛觶（四期）

鄉宁父乙。

2150鄉宁父乙觶

父乙。

2151父乙觶（三、四期）

魚業父丙。

2152魚業父丙觶

魚業父丁。

2153魚業父丁觶

亞若癸。魚。

2154亞若癸觶

西單父乙。

2155西單父乙觶（四期）

西單父丁。

2156西單父丁觶

荀玉父乙。

2157荀玉父乙觶

耿日父乙。

2158耿日父乙觶

㸚冊父丁。

2159㸚冊父丁觶

典弜父丁。

2160典弜父丁觶

告宁父戊。

2161告宁父戊觶

蠢辰父己。

2162蠢辰父己觶（四期）

矢戎父己。

2163矢戎父己觶

子▲父辛。

2165子▲父辛觶（四期）

子🐍父己。

2164子🐍父己觶

子🐍父癸。

2166子🐍父癸觶

齊豿父癸。

2167齊豿父癸觶（三、四期）

何疾父癸。

2168何疾父癸觶（三、四期）

✽作父癸。

2169✽作父癸觶

集母乙。

2170集母乙觶（四期）

光作母辛。

2171光作母辛觶

婦妹府冊。

2172婦妹府觶（三、四期）

何兄日壬。

2173何兄日壬觶

登串父丁。

2174登串父丁觶

亞□□父乙。

2175父乙觶（商末周初）

1249

邑祖辛父辛云。

2176邑祖辛父辛觶（四期）

亞示作父己尊彝。

2177亞示作父己觶

子达作兄日辛彝。

2178子达觶（商末周初）

子作父戊彝。犬山汊。

2179子作父戊觶

亞得。何作執日辛尊彝。

2180何作日辛觶（商末周初）

母戊翌鳳□。母戊翌鳳。

2181翌鳳觶（四期）

　　　　　　孅保弓。孅保友鳥母丁。

2182孅保弓觶（商末周初）

舭

示。

2183示瓢（二期）

祖。

2184祖瓢

母。

2185母瓢

婦。

2186婦瓢（二期）

媓。

2187媓瓢（四期）

子。

2188子瓢（二期）

子。

2189子瓠（二期）

子。

2190子瓠（二期）

子。

2191子瓠（二期）

子。

2192子瓠

子。

2193子瓠

子。

2194子瓠（二期）

字。

2195字觚（三、四期）

囝。

2196囝觚

囝。

2197囝觚（二期）

旗。

2198旗觚

旗。

2199旗觚

旗。

2200旗觚（四期）

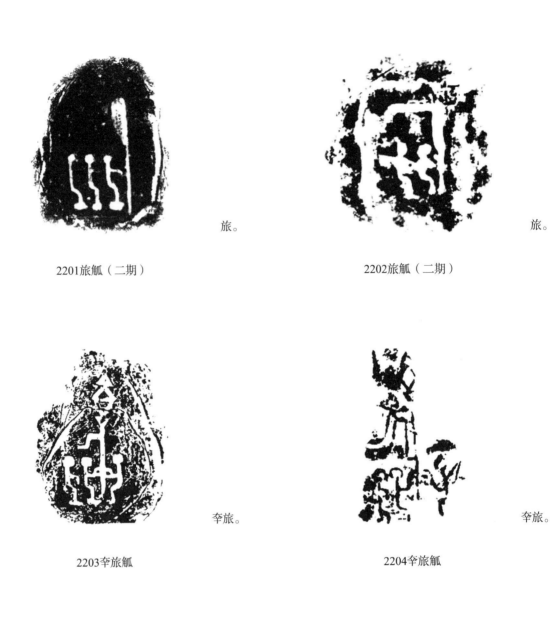

旅。

2201旅觚（二期）

旅。

2202旅觚（二期）

夆旅。

2203夆旅觚

夆旅。

2204夆旅觚

夆旅。

2205夆旅觚

旅。

2206旅觚

盨。

2207盨觚

旟。

2208旟觚（二期）

蔪。

2209蔪觚

夨。

2210夨觚（四期）

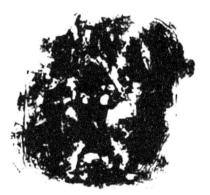

夨。

2211夨觚

夨。

2212夨觚

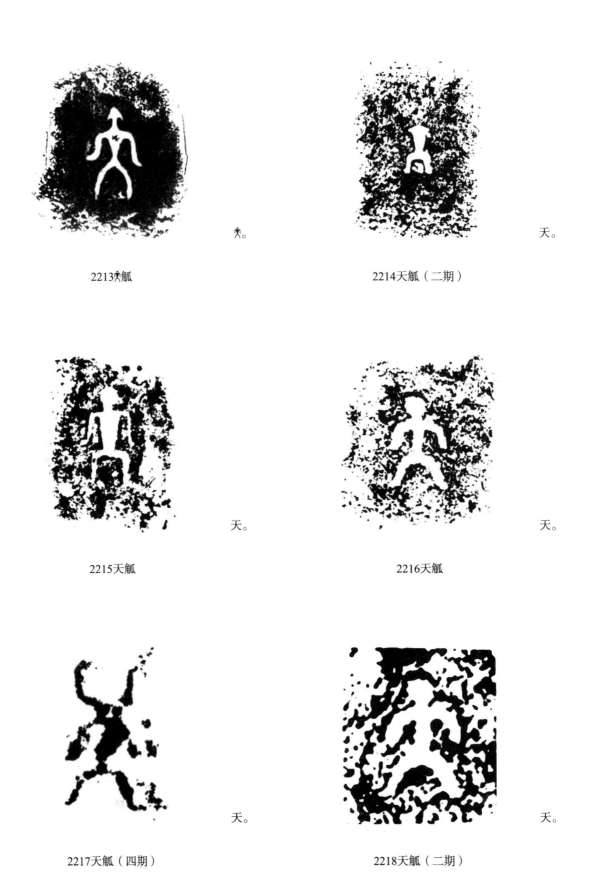

2213天觚 天。

2214天觚（二期） 天。

2215天觚 天。

2216天觚 天。

2217天觚（四期） 天。

2218天觚（二期） 天。

屰。

2219屰瓠（二期）

失。

2220失瓠

失。

2221失瓠

失。

2222失瓠

襄。

2223襄瓠

襄。

2224襄瓠（二、三期）

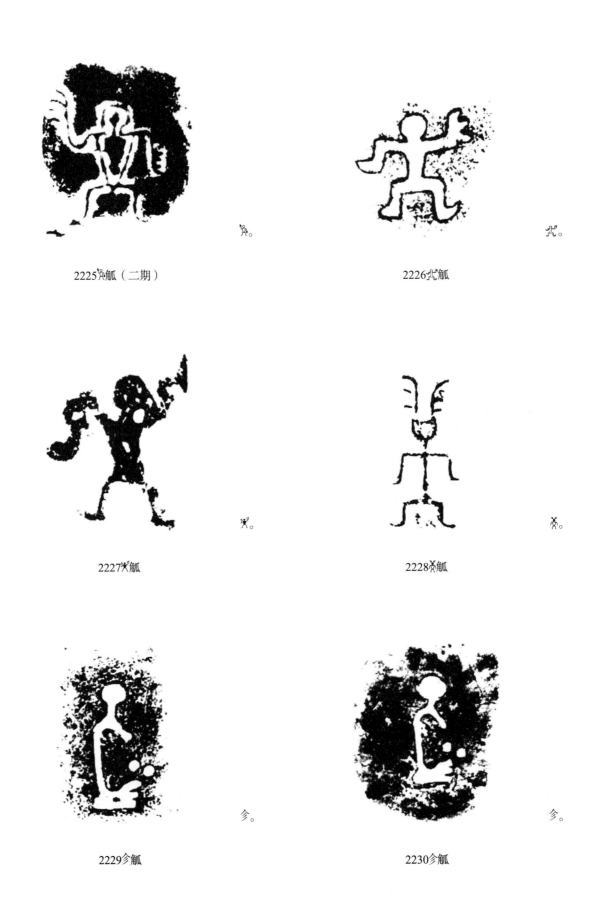

2225 觚（二期）

2226 觚

2227 觚

2228 觚

2229 觚

2230 觚

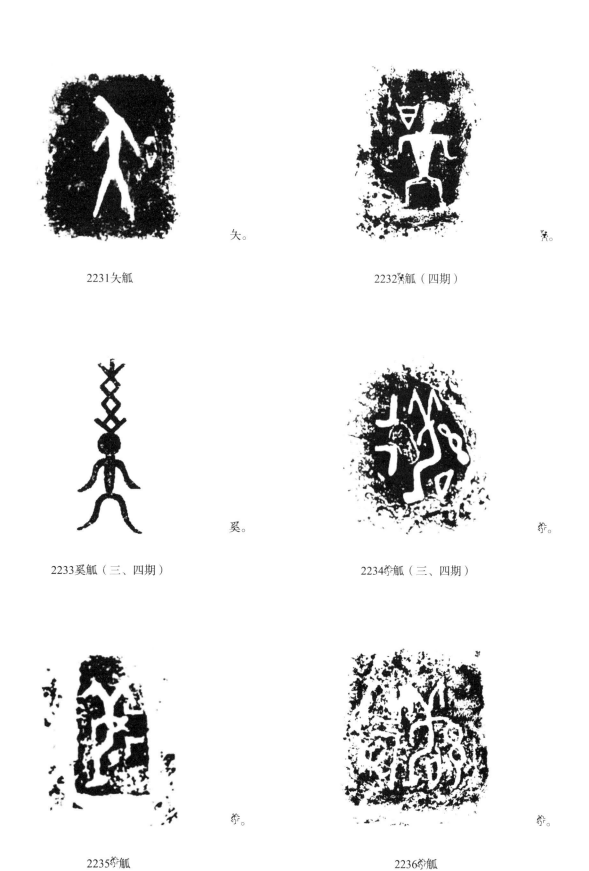

矢。

2231矢觚

戻。

2232戻觚（四期）

奚。

2233奚觚（三、四期）

奍。

2234奍觚（三、四期）

奍。

2235奍觚

奍。

2236奍觚

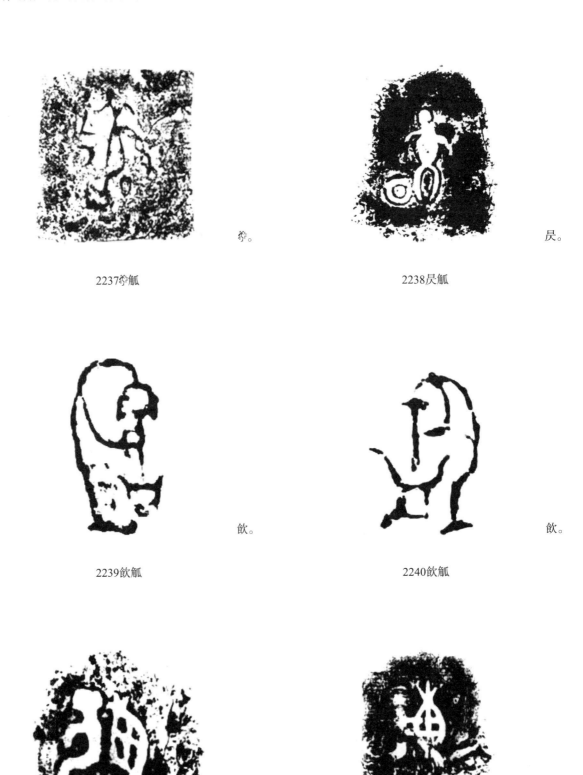

2237䖝觚　　　　　　　　　　　　　　　　　　　　　　　　　　2238昃觚

2239飲觚　　　　　　　　　　　　　　　　　　　　　　　　　　2240飲觚

2241重觚（二期）　　　　　　　　　　　　　　　　　　　　　　2242重觚

弔。

2243弔觚

弔。

2244弔觚

夷。

2245夷觚（四期）

夷。

2246夷觚

夻。

2247夻觚

弓。

2248弓觚

吤。

2249吤觚（四期）

𡠜。

2250𡠜觚（二期）

攸。

2251攸觚（二期）

何。

2252何觚（二期）

何。

2253何觚

牽。

2254牽觚

立。

2255立瓠（三、四期）

舌。

2256舌瓠

舌。

2257舌瓠

舌。

2258舌瓠（三、四期）

眲。

2259眲瓠

眲。

2260眲瓠（四期）

嬰。

2261嬰觚

嬰。

2262嬰觚

乱。

2263乱觚

奉。

2264奉觚（四期）

埶。

2265埶觚

又。

2266又觚

守。

2267守觚（二期）

守。

2268守觚（二期）

守。

2269守觚

守。

2270守觚（二期）

守。

2271守觚（四期）

启。

2272启觚（四期）

啓。

2273啓瓠（三、四期）

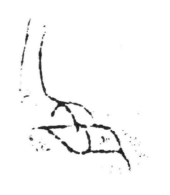

臤。

2274臤瓠（二、三期）

臤。

2275臤瓠

黃。

2276黃瓠（二期）

叔。

2277叔瓠

共。

2278共瓠

受。

2279受瓠（三、四期）

受。

2280受瓠（四期）

受。

2281受瓠（三、四期）

爺。

2282爺瓠（二期）

卷。

2283卷瓠（四期）

秉。

2284秉瓠

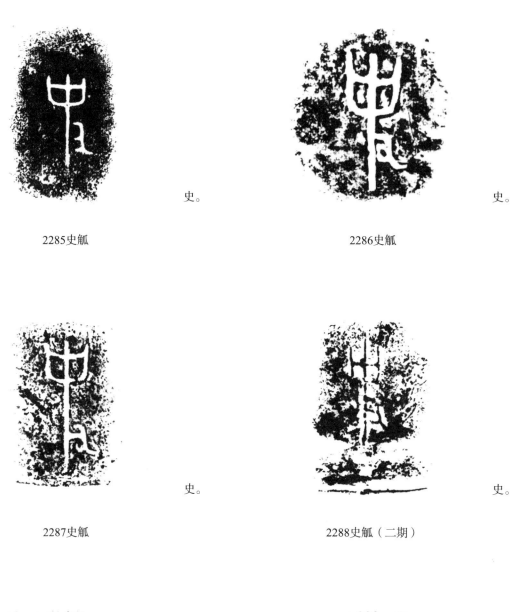

史。

2285史觚

史。

2286史觚

史。

2287史觚

史。

2288史觚（二期）

史。

2289史觚

史。

2290史觚（四期）

史。

2291史觚

史。

2292史觚（四期）

史。

2293史觚（三、四期）

史。

2294史觚

史。

2295史觚

史。

2296史觚（三、四期）

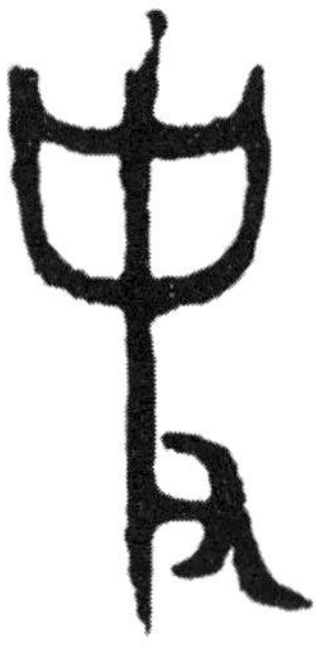

史。

2297史觚

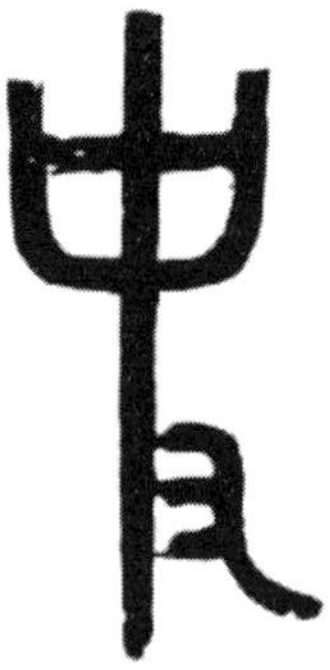

史。

2298史觚（四期）

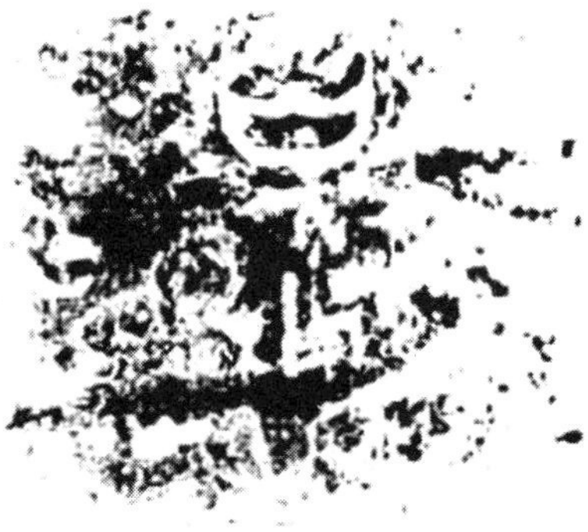

史。

2299史觚

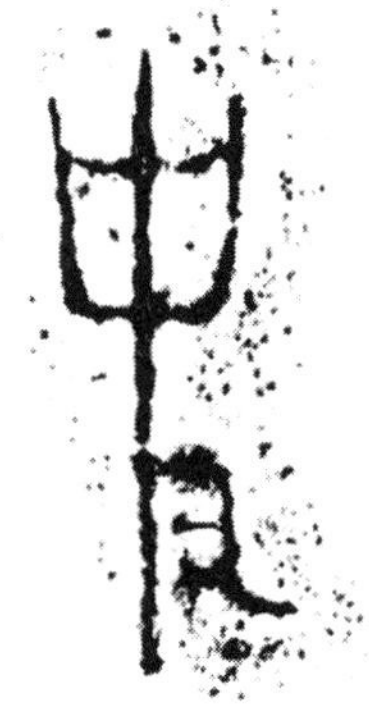

史。

2300史觚

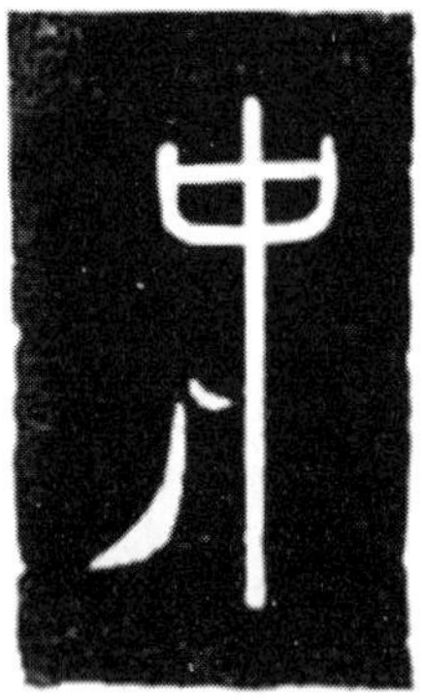

史。

2301史觚（四期）

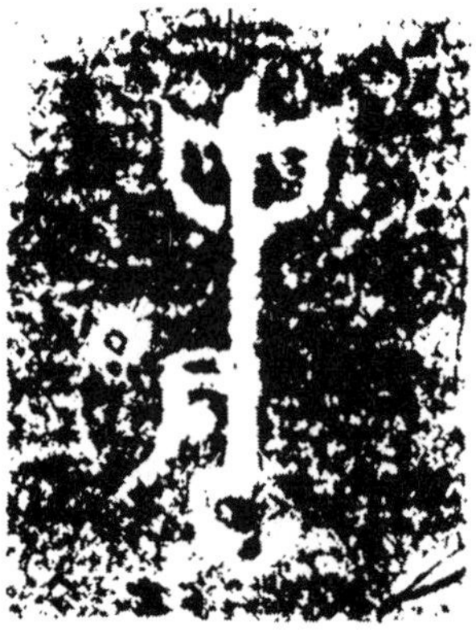

史。

2302史觚（三期）

史。

2303史觚

史。

2304史觚

史。

2305史觚

史。

2306史觚

史。

2307史觚

史。

2308史觚

冊。

2309冊瓶

宁。

2310宁瓶（四期）

宁。

2311宁瓶（四期）

夲。

2312夲瓶（二期）

夲。

2313夲瓶（二期）

執。

2314執瓶

執。

2315執觚（二期）

執。

2316執觚

圍。

2317圍觚（四期）

步。

2318步觚

徙。

2319徙觚（四期）

徙。

2320徙觚（二期）

得。

2321得瓠

得。

2322得瓠（二期）

正。

2323正瓠（二期）

踞。

2324踞瓠

踞。

2325踞瓠（二期）

踞。

2326踞瓠（二期）

踵。

2327踵觚

蠱。

2328蠱觚（二期）

蠱。

2329蠱觚

告。

2330告觚

告。

2331告觚（四期）

由。

2332由觚（二期）

賈。

2333賈觚

犬。

2334犬觚（三、四期）

犬。

2335犬觚（中商）

豪。

2336豪觚

豪。

2337豪觚

剢。

2338剢觚（二、三期）

豸。

2339豸觚（二、三期）

圂。

2340圂觚

圂。

2341圂觚

歔。

2342歔觚（二期）

豪。

2343豪觚

羊。

2344羊觚

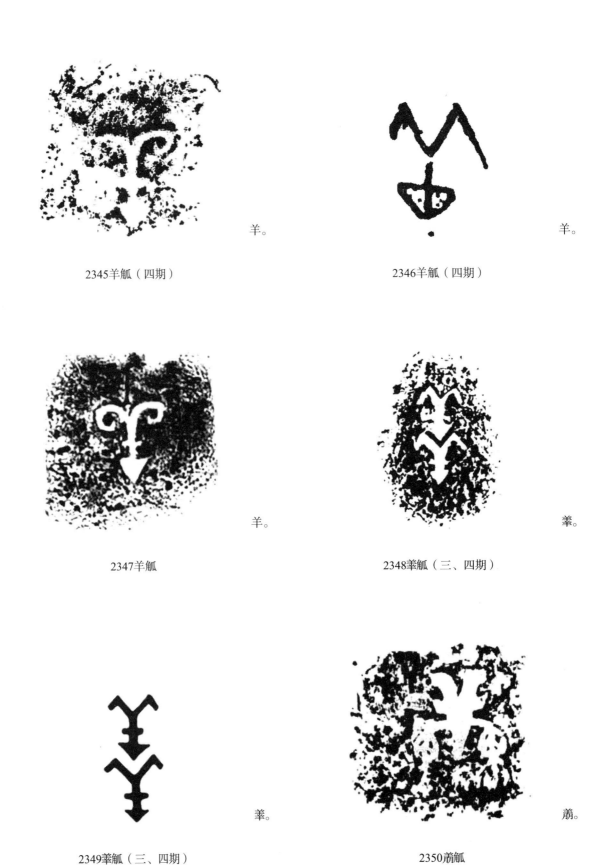

羊。

2345羊觚（四期）

羊。

2346羊觚（四期）

羊。

2347羊觚

羍。

2348羍觚（三、四期）

羍。

2349羍觚（三、四期）

兿。

2350兿觚

蒲。

2351蒲瓠

蒲。

2352蒲瓠

羢。

2353羢瓠

羢。

2354羢瓠

。

2355瓠（四期）

。

2356瓠（二、三期）

鹿。

2357鹿觚

象。

2358象觚（二期）

豕。

2359豕觚

獸。

2360獸觚

獸。

2361獸觚

鳥。

2362鳥觚

鳥。

2363鳥瓠

鳥。

2364鳥瓠（二、三期）

鳥。

2365鳥瓠

鳶。

2366鳶瓠

鳶。

2367鳶瓠（二期）

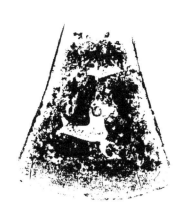

鳶。

2368鳶瓠

進。

2369進瓶（二期）

萬。

2370萬瓶（三、四期）

黿。

2371黿瓶

。

2372瓶

魚。

2373魚瓶

魚。

2374魚瓶

鼻。

2375鼻觚（二期）

鼻。

2376鼻觚

戈。

2377戈觚

戈。

2378戈觚（二期）

戈。

2379戈觚（二期）

戈。

2380戈觚（三、四期）

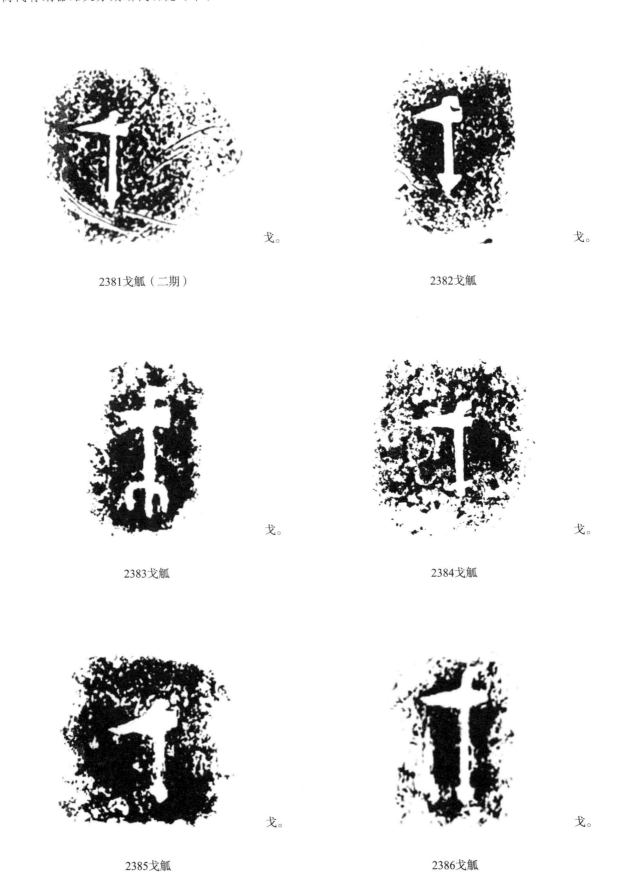

戈。

2381戈瓬（二期）

戈。

2382戈瓬

戈。

2383戈瓬

戈。

2384戈瓬

戈。

2385戈瓬

戈。

2386戈瓬

戈。

2387戈觚

戈。

2388戈觚（四期）

戈。

2389戈觚（四期）

戈。

2390戈觚

戈夨。

2391戈夨觚

戈夨。

2392戈夨觚

戈犬。

2393戈犬觚（三期）

戈犬。

2394戈犬觚（四期）

戒。

2395戒觚（二期）

戒。

2396戒觚（二期）

戒。

2397戒觚（二期）

戒。

2398戒觚（二期）

斝。

2399斝瓠（二、三期）

戎。

2400戎瓠（三期）

戎。

2401戎瓠（三期）

戎。

2402戎瓠（三期）

戎。

2403戎瓠（三期）

瀎。

2404瀎瓠

賊。`

2405賊瓠

聝。

2406聝瓠

聝。

2407聝瓠

聝。

2408聝瓠（二期）

聝。

2409聝瓠（二期）

聝。

2410聝瓠（二期）

戜。

2411戜瓿（三、四期）

戜。

2412戜

戜。

2413戜瓿

伐。

2414伐瓿

刀。

2415刀瓿（四期）

䇅。

2416䇅瓿

2417膚瓿（二期）　　　　膚。

2418膚瓿（三期）　　　　膚。

2419庚瓿　　　　庚。

2420鼎瓿　　　　鼎。

2421瓿　　　　。

2422瓿　　　　。

2423觚

2424觚

2425觚

2426觚

2427觚（三、四期）

2428觚

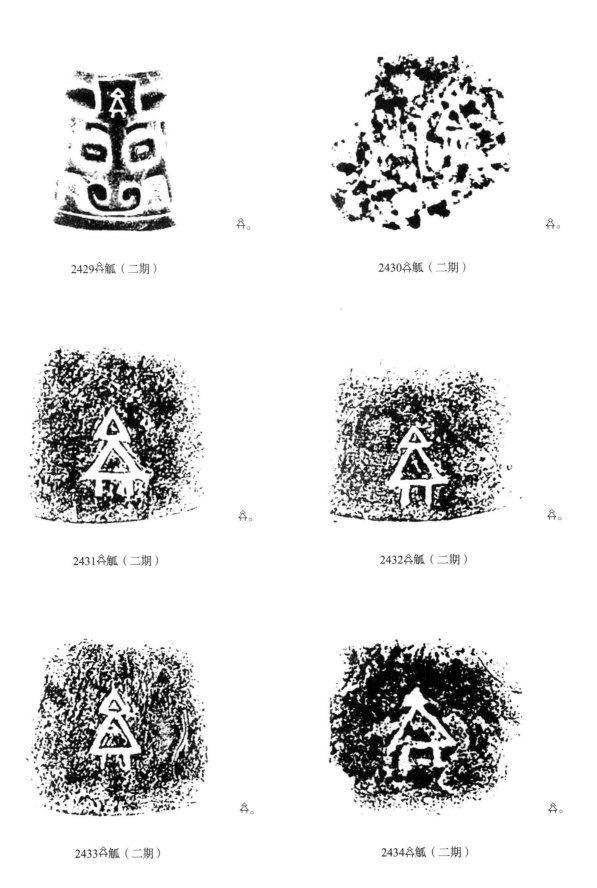

2429合瓿（二期）

2430合瓿（二期）

2431合瓿（二期）

2432合瓿（二期）

2433合瓿（二期）

2434合瓿（二期）

宧。

2435宧瓠

宧。

2436宧瓠

橐。

2437橐瓠

橐。

2438橐瓠

竹。

2439竹瓠

木。

2440木瓠（四期）

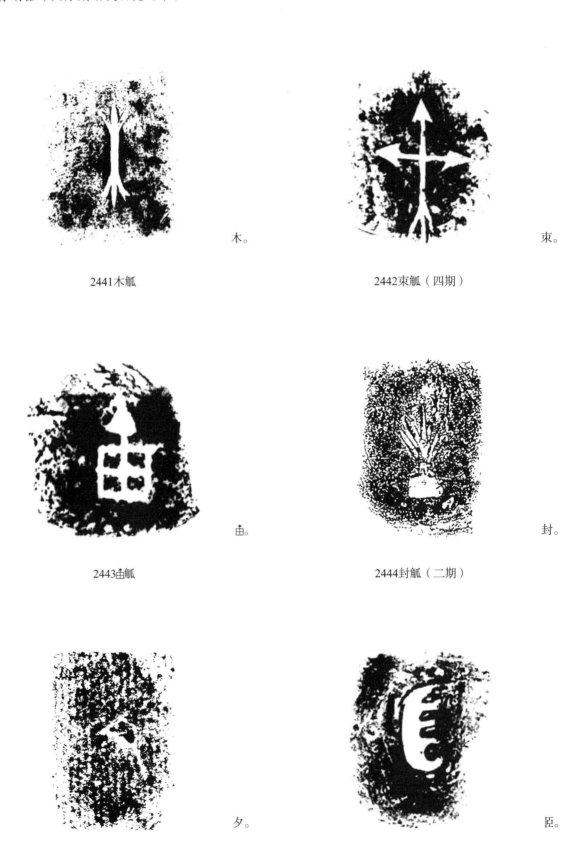

木。

2441木瓳

束。

2442束瓳（四期）

由。

2443由瓳

封。

2444封瓳（二期）

夕。

2445夕瓳（四期）

臣。

2446臣瓳

串。

2447串瓿（四期）

串。

2448串瓿（四期）

車。

2449車瓿（四期）

車。

2450車瓿

車。

2451車瓿（二期）

車。

2452車瓿

2453⊗觚　　　　　　　　　　　　　　2454⊗觚

2455觚　　　　　　　　　　　　　　2456觚

2457觚（二期）　　　　　　　　　　　2458觚

觥。

2459觥觚（二期）

酉。

2460酉觚（二期）

田。

2461田觚

觚。

2462觚觚

觚。

2463觚觚（四期）

觚。

2464觚觚

2465𠦪觚

2466𠦪觚（四期）

2467𠦪觚（四期）

2469𠔼觚

2468𠔼觚

2470𠔼觚（四期）

冘。

2471冘觚（二期）

2472冘觚

冘。

2473冘觚

辛。

2474辛觚

袚。

2475袚觚

袚。

2476袚觚

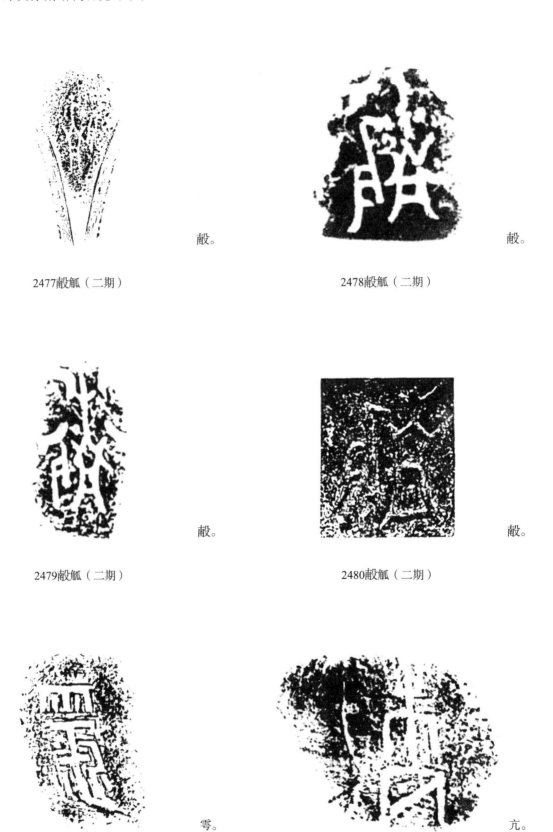

2477觳瓤（二期）　　　　　　　　　　　　　　　　　　　　　　　　觳。

2478觳瓤（二期）　　　　　　　　　　　　　　　　　　　　　　　　觳。

2479觳瓤（二期）　　　　　　　　　　　　　　　　　　　　　　　　觳。

2480觳瓤（二期）　　　　　　　　　　　　　　　　　　　　　　　　觳。

2481雩瓤　　　　　　　　　　　　　　　　　　　　　　　　雩。

2482亢瓤　　　　　　　　　　　　　　　　　　　　　　　　亢。

柬。

2483柬瓿（二期）

𦥑。

2484𦥑瓿（三、四期）

𦥑。

2485𦥑瓿

𨙸。

2486𨙸瓿

口。

2487口瓿

内。

2488内瓿

1303

既。

2489既瓠

卅。

2490卅瓠

卅。

2491卅瓠

爻。

2492爻瓠（二期）

爻。

2493爻瓠

王。

2494王瓠

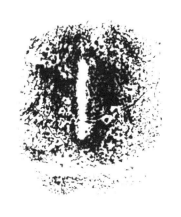

丨。

2495 丨瓳（四期）

𠂤。

2496 𠂤瓳（四期）

�。

2497 舭瓳

鞊。

2498 鞊瓳（三、四期）

𧾷。

2499 𧾷瓳（二期）

歐。

2500 歐瓳

舥。

2501舥瓡（三、四期）

壺。

2502壺瓡

戝。

2503戝瓡（三、四期）

虓。

2504虓瓡（四期）

爾。

2505爾瓡（二期）

爾。

2506爾瓡

僻。

2507僻觚

佣。

2508佣觚（四期）

佣。

2509佣觚（二期）

畵。

2510畵觚

印。

2511印觚（二期）

爰。

2512爰觚（三期）

爰。

2513爰瓤（三期）

念。

2514念瓤（二期）

集。

2515集瓤（四期）

融。

2516融瓤（四期）

融。

2517融瓤（四期）

弓。

2518弓瓤（二期）

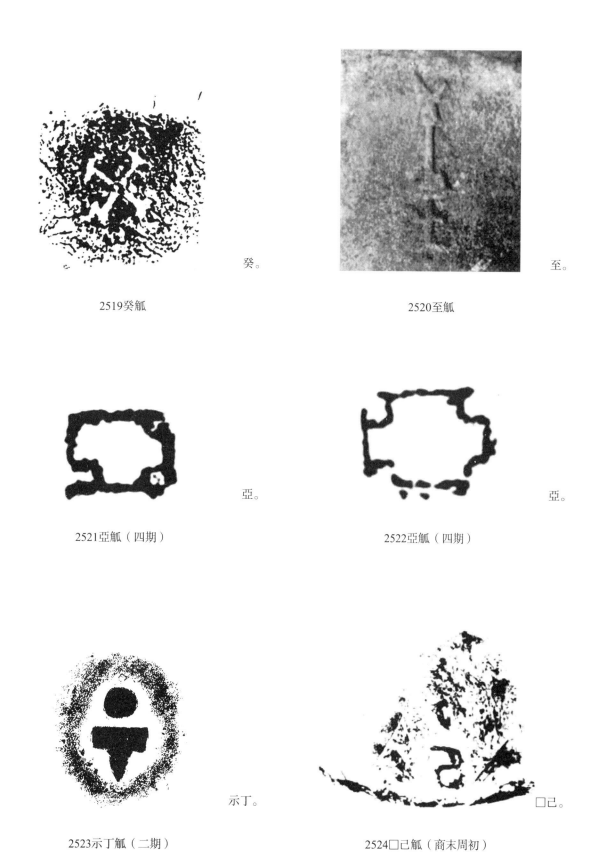

癸。

2519癸瓠

至。

2520至瓠

亞。

2521亞瓠（四期）

亞。

2522亞瓠（四期）

示丁。

2523示丁瓠（二期）

□己。

2524□己瓠（商末周初）

祖丁。

2525祖丁觚（二期）

祖辛。

2526祖辛觚（四期）

祖壬。

2527祖壬觚（二期）

父乙。

2528父乙觚（二、三期）

父乙。

2529父乙觚

父乙。

2530父乙觚

父丙。

2531父丙觚

父己。

2532父己觚

父己。

2533父己觚（二期）

父己。

2534父己觚

父庚。

2535父庚觚（二、三期）

父辛。

2536父辛觚

戈甲。

2537戈甲觚（四期）

戈乙。

2538戈乙觚（三、四期）

戈乙。

2539戈乙觚（三、四期）

戈辛。

2540戈辛觚

◎◎戈。

2541◎◎戈觚

封乙。

2542封乙觚（二期）

羋乙。

2543羋乙觚

羋己。

2544羋己觚

正乙。

2545正乙觚

正乙。

2546正乙觚

夕乙。

2547夕乙觚

息母。

2548息母觚（二期）

息乙。

2549息乙觚（三期）

息乙。

2550息乙觚（三期）

尊息。

2551尊息觚（四期）

㞷乙。

2552㞷乙觚（二、三期）

㞷乙。

2553㞷乙觚

㞷丁。

2554㞷丁觚（三、四期）

丁。

辛。

2555丁觚（三、四期）

2556辛觚（三期）

癸。

。

2557癸觚（四期）

2558觚

。

。

2559觚

2560觚

史午。

2561史午瓠

⊞乙。

2562⊞乙瓠（三、四期）

Ψ丙。

2563Ψ丙瓠

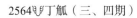

Ψ丁。

2564Ψ丁瓠（三、四期）

弔Ψ。

2565弔Ψ瓠（三、四期）

弔丁。

2566弔丁瓠（商末周初）

六丁。

2567六丁觚（三期）

木戊。

2568木戊觚

羊己。

2569羊己觚

聿己。

2570聿己觚

户庚。

2571户庚觚

□己。

2572□己觚（二期）

叔己。

2573叔己瓤（二期）

叔己。

2574叔己瓤（二期）

重癸。

2575重癸瓤（二期）

癸。

2576癸瓤（二期）

癸。

2577癸瓤（二期）

屰癸。

2578屰癸瓤

婦好。

2579婦好觚（二期）

婦好。

2580婦好觚（二期）

婦好。

2581婦好觚（二期）

婦好。

2582婦好觚（二期）

婦好。

2583婦好觚（二期）

婦好。

2584婦好觚（二期）

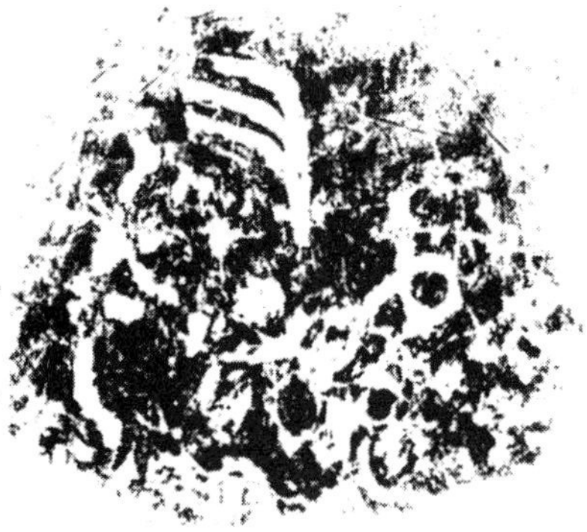

婦好。

2585婦好觚（二期）

婦好。

2586婦好觚（二期）

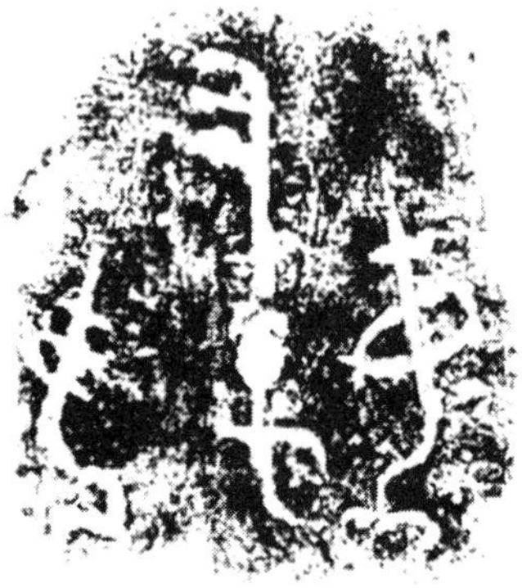

婦好。

2587婦好觚（二期）

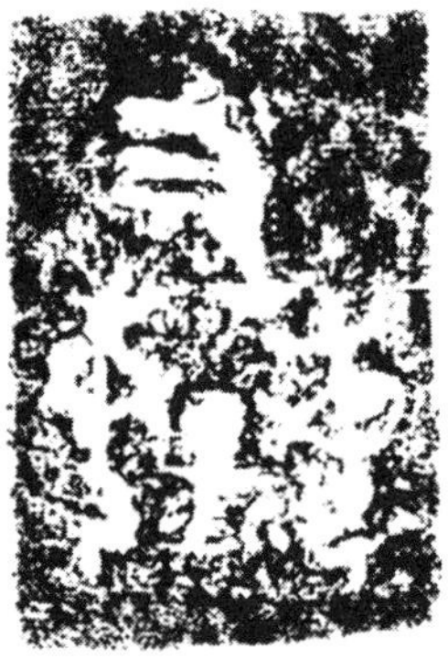

婦好。

2588婦好觚（二期）

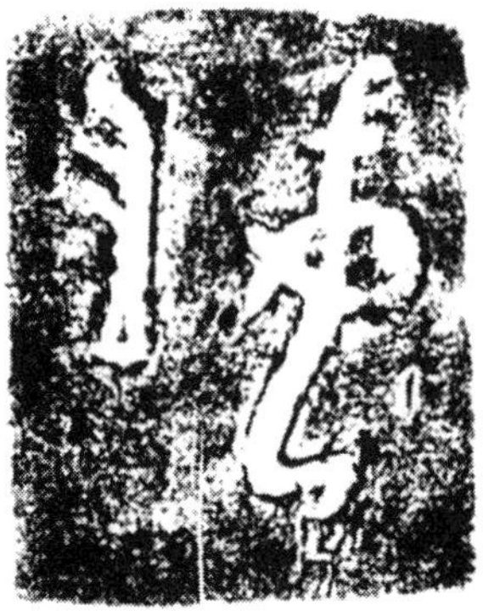

婦。

2589婦觚（二期）

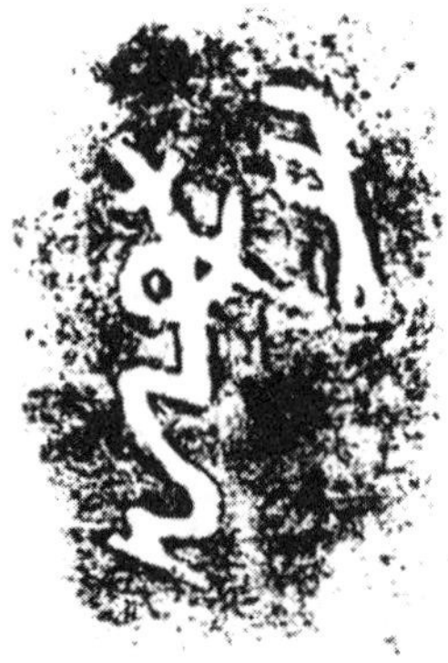

婦。

2590婦觚（二期）

婦好。

2591婦好觚（二期）

婦好。

2592婦好觚（二期）

婦好。

2593婦好觚（二期）

婦好。

2594婦好觚（二期）

婦好。

2595婦好觚（二期）

婦好。

2596婦好觚（二期）

婦好。

2597婦好觚（二期）

婦。

2598婦觚（二期）

婦好。

2599婦好觚

婦🦅。

2600婦🦅觚（商末周初）

婦🦅。

2601婦🦅觚（商末周初）

婦鳥。

2602婦鳥觚（商末周初）

婦田。

2603婦田瓳

婦絲。

2604婦絲瓳（三、四期）

婦絲。

2605婦絲瓳（三、四期）

賓母。

2606賓母瓳

賓母。

2607賓母瓳

盥母。

2608盥母瓳

母戊。

2609母戊觚（二期）

魚母。

2610魚母觚（四期）

魚母。

2611魚母觚（四期）

朕母。

2612朕母觚

朕母。

2613朕母觚（二、三期）

鼻。

2614鼻觚（二期）

彙。

2615彙觚（二期）

彙。

2616彙觚（二期）

彙。

2617彙觚（二期）

彙。

2618彙觚（二期）

子彙。

2619子彙觚（二期）

子彙。

2620子彙觚（二期）

子鼄。

2621子鼄觚（二期）

子鼄。

2622子鼄觚（二期）

子鼄。

2623子鼄觚

子妥。

2624子妥觚

子脊。

2625子脊觚

子媚。

2626子媚觚

子媚。

2627子媚瓿

子8。

2628子8瓿（二期）

子8。

2629子8瓿（二期）

子蚩。

2630子蚩瓿

子蚩。

2631子蚩瓿（三期）

子蚩。

2632子蚩瓿（三期）

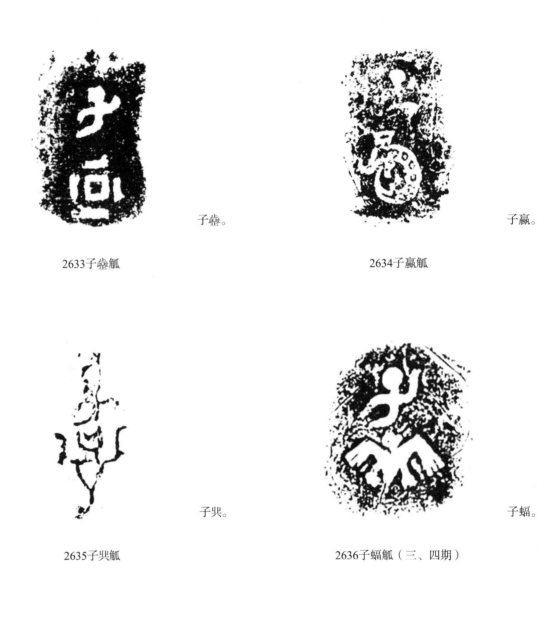

子蝨。

2633子蝨觚

子贏。

2634子贏觚

子癸。

2635子癸觚

子蝠。

2636子蝠觚（三、四期）

子保。

2637子保觚（四期）

子▲。

2638子▲觚

　子。

2639子觚（四期）

子光。

2640子光觚

子雨。

2641子雨觚（二期）

子媭。

2642子媭觚（四期）

子癸。

2643子癸觚（四期）

子龏。

2644子龏觚（二期）

子羉。

2645子羉觚（二期）

子伸。

2646子伸觚（二期）

子伸。

2647子伸觚（二期）

襄未。

2648襄未觚

比🙂。

2649比🙂觚

比🙂。

2650比🙂觚

堇叔。

2651堇叔觚（四期）

堇叔。

2652堇叔觚（四期）

樂文。

2653樂文觚

羊建。

2654羊建觚（二期）

見爻。

2655見爻觚

交示。

2656交示觚（二期）

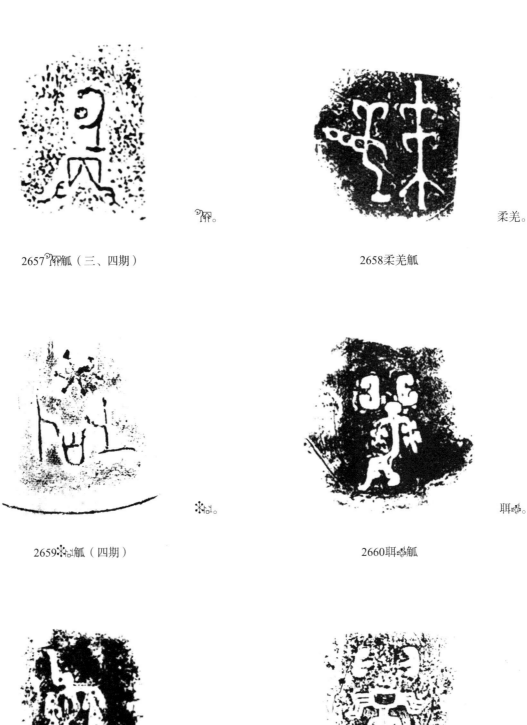

2657 𢎥觚（三、四期）　　　　　　　　　　𢎥。

柔羌。

2658柔羌觚

2659 ✳觚（四期）　　　　　　　　　　✳。

珥✳。

2660珥✳觚

珥✳。

2661珥✳觚

珥鼉。

2662珥鼉觚

狀耳。

2663狀耳瓠

珥竹。

2664珥竹瓠（三、四期）

珊中。

2665珊中瓠（四期）

妥珝。

2666妥珝瓠

妥珝。

2667妥珝瓠

妥川。

2668妥川瓠

叉宍。

2669叉宍觚

叉宍。

2670叉宍觚

叉宍。

2671叉宍觚（二、三期）

冂龏。

2672冂龏觚（三期）

正紷。

2673正紷觚

◆衛。

2674◆衛觚

亞🐎。

2675亞🐎瓢

亞棋。

2676亞棋瓢（二期）

亞棋。

2677亞棋瓢（二期）

亞棋。

2678亞棋瓢（二期）

亞棋。

2679亞棋瓢（二期）

亞棋。

2680亞棋瓢（二期）

亞棋。

2681亞棋瓠（二期）

亞棋。

2682亞棋瓠（二期）

亞棋。

2683亞棋瓠（二期）

亞棋。

2684亞棋瓠（二期）

亞其。

2685亞其瓠（四期）

亞弓。

2686亞弓瓠

亞弜。

2687亞弜瓠（二期）

亞弜。

2688亞弜瓠

亞矣。

2689亞矣瓠

亞矣。

2690亞矣瓠（二期）

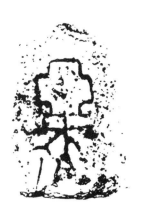

亞矣。

2691亞矣瓠

亞矣。

2692亞矣瓠

亞矣。

2693亞矣瓢（二期）

亞矣。

2694亞矣瓢

亞矣。

2695亞矣瓢（二期）

亞矣。

2696亞矣瓢（二期）

亞矣。

2697亞矣瓢（二期）

亞𤔲。

2698亞𤔲瓢

亞醜。

2699亞醜觚

亞醜。

2700亞醜觚

亞醜。

2701亞醜方觚（四期）

亞醜。

2702亞醜觚（四期）

亞醜。

2703亞醜觚（四期）

亞竟。

2704亞竟觚（四期）

亞告。

2705亞告瓿（二期）

亞羑。

2706亞羑瓿

亞果。

2707亞果瓿

亞。

2708亞瓿

亞史。

2709亞史瓿（二期）

亞。

2710亞瓿

亞𦍛。

2711亞𦍛瓠

亞𦍛。

2712亞𦍛瓠

亞雔。

2713亞雔瓠（二期）

亞雔。

2714亞雔瓠（三期）

亞雔。

2715亞雔瓠（三期）

亞隻。

2716亞隻瓠

亞隻。

2717亞隻觚（二期）

亞隻。

2718亞隻觚（二期）

亞豕。

2719亞豕觚

亞叐。

2720亞叐觚

亞夊。

2721亞夊觚

亞㝠。

2722亞㝠觚（三期）

亞耳。

2723亞耳瓠

亞弔。

2724亞弔瓠（四期）

亞酉。

2725亞酉瓠

亞酉。

2726亞酉瓠

亞酉。

2727亞酉瓠（四期）

亞盥。

2728亞盥瓠（三期）

亞址。

2729亞址觚（三期）

亞址。

2730亞址觚（三期）

亞址。

2731亞址觚（三期）

亞址。

2732亞址觚（三期）

亞址。

2733亞址觚（三期）

亞址。

2734亞址觚（三期）

亞址。

2735亞址觚（三期）

亞址。

2736亞址觚（三期）

亞址。

2737亞址觚（三期）

亞址。

2738亞址觚（三期）

亞址。

2739亞址觚（三期）

亞長。

2740亞長觚（二期）

1345

亞長。

2741亞長觚（二期）

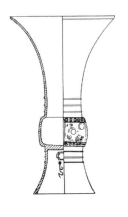

亞弔。

2742亞弔觚（四期）

亞奐。

2743亞奐觚

工冊。

2744工冊觚（四期）

麻冊。

2745麻冊觚（三、四期）

麻冊。

2746麻冊觚（三期）

丮冊。

2747丮冊瓠

蠅冊。

2748蠅冊瓠（四期）

糸保。

2749糸保瓠

𧷽保。

2750𧷽保瓠

馬何。

2751馬何瓠

馬何。

2752馬何瓠（二期）

鄉宁。

2753鄉宁觚（三期）

鄉宁。

2754鄉宁觚（四期）

告宁。

2755告宁觚（三期）

告宁。

2756告宁觚（三期）

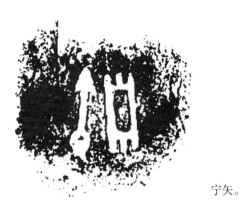

宁矢。

2757宁矢觚（三、四期）

宁矢。

2758宁矢觚（三、四期）

矢宁。

2759矢宁瓶（四期）

宁戈。

2760宁戈瓶（四期）

美宁。

2761美宁瓶

宁朋。

2762宁朋瓶

專宁。

2763專宁瓶（四期）

宁萄。

2764宁萄瓶（四期）

戈匐。

2765戈匐瓠（四期）

田兔。

2766田兔瓠

亞田。

2767亞田瓠（三期）

南單。

2768南單瓠

西單。

2769西單瓠（三期）

西單。

2770西單瓠（三期）

西單。

2771西單觚（三期）

西單。

2772西單觚（三期）

北單。

2773北單觚（二期）

北單。

2774北單觚

單光。

2775單光觚

甗征。

2776甗征觚（四期）

甗奞。

2777甗奞觚

▲甗。

2778▲甗觚

▲旃。

2779▲旃觚（三、四期）

亡終。

2780亡終觚（四期）

亡終。

2781亡終觚（四期）

盾得。

2782盾得觚（四期）

盾得。

2783盾得觚（四期）

盾得。

2784盾得觚（四期）

來盾。

2785來盾觚

來盾。

2786來盾觚

秉盾。

2787秉盾觚

丩盾。

2788丩盾觚

艸刀。

2789艸刀瓿

卜亶。

2790卜亶瓿（二期）

車涉。

2791車涉瓿（二期）

車狄。

2792車狄瓿

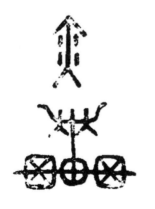

亦車。

2793亦車瓿（四期）

亦車。

2794亦車瓿（三、四期）

亦車。

2795亦車瓿（四期）

亦車。

2796亦車瓿（四期）

車辜。

2797車辜瓿

車辜。

2798車辜瓿

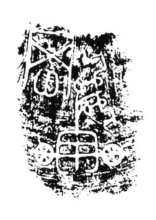

買車。

2799買車瓿（商末周初）

弔車。

2800弔車瓿（三期）

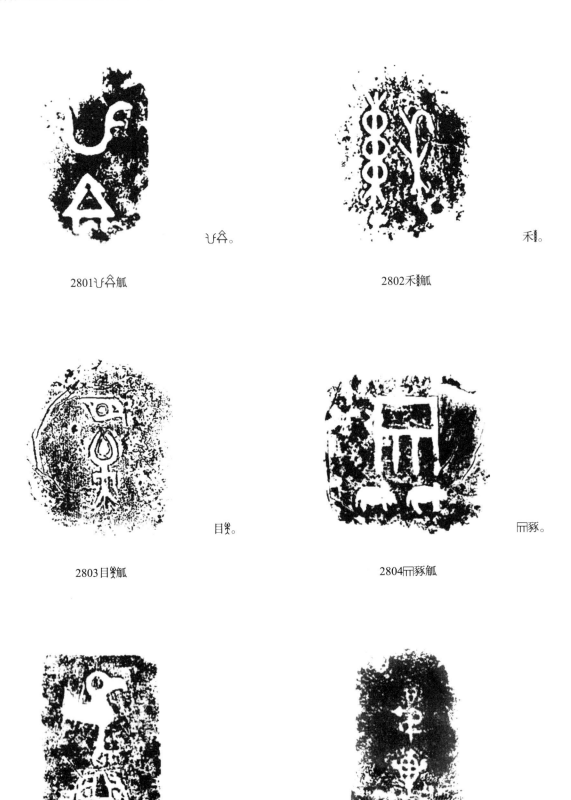

2801 ㄓ谷瓳

ㄓ谷。

2802 禾瓳

禾。

2803 目瓳

目。

2804 冊豖瓳

冊豖。

2805 鳥瓳（二期）

鳥。

2806 弔黽瓳（四期）

弔黽。

弔龜。

2807弔龜觚

弔龜。

2808弔龜觚

。

2809觚

戉。

2810｜戉觚（二期）

免。

2811免觚（三期）

刀。

2812刀觚

□□。

2813□□觚（三、四期）

恩己。

2814恩己觚（四期）

失。

2815失觚（三、四期）

失。

2816失觚（三、四期）

失。

2817失觚

失。

2818失觚（三、四期）

射婦桑。

2819射婦桑瓢

司婦。

2820司婦瓢（二期）

司婦。

2821司婦瓢（二期）

司婦。

2822司婦瓢（二期）

司婦。

2823司婦瓢（二期）

司婦。

2824司婦母瓢（二期）

司婦。

2825司婦瓿（二期）

司婦。

2826司婦瓿（二期）

司婦。

2827司婦瓿（二期）

司兽。

2828司兽瓿（二期）

司婦。

2829司婦瓿（二期）

司{}。

2830司{}瓿

羊祖甲。

2831羊祖甲瓤

羊乙。

2832羊乙瓤

羊貝車。

2833羊貝車瓤

黽祖乙。

2834黽祖乙瓤

家祖乙。

2835家祖乙瓤

匠祖乙。

2836匠祖乙瓤

戎祖丙。

2837戎祖丙觚（四期）

ᚦ祖丁。

2838ᚦ祖丁觚（三、四期）

ᚦ祖壬。

2839ᚦ祖壬觚（四期）

戈祖丁。

2840戈祖丁觚（三、四期）

戈祖辛。

2841戈祖辛觚（三、四期）

戈父癸。

2842戈父癸觚（三、四期）

鼻祖己。

2843鼻祖己瓠（三、四期）

鼻父丁。

2844鼻父丁瓠

襄祖己。

2845襄祖己瓠

犬父甲。

2846犬父甲瓠

山祖庚。

2847山祖庚瓠

山父丁。

2848山父丁瓠（四期）

山父丁。

2849山父丁觚（四期）

山父丁。

2850山父丁觚（二期）

子祖辛。

2851子祖辛觚

子祖癸。

2852子祖癸觚（四期）

子父己。

2853子父己觚

子父庚。

2854子父庚觚（四期）

子父癸。

2855子父癸觚（二期）

☒祖癸。

2856☒祖癸觚

☒父乙。

2857☒父乙觚（四期）

☒父丁。

2858☒父丁觚

☒串媒。

2859☒串媒觚

☒串媒。

2860☒串媒觚

得父乙。

2861得父乙瓠

羖父乙。

2862羖父乙瓠（三、四期）

羖父丙。

2863羖父丙瓠

鳥父乙。

2864鳥父乙瓠（二期）

係父乙。

2865係父乙瓠（二期）

■父乙。

2866■父乙瓠

豕父乙。

2867豕父乙瓠

䣄父乙。

2868䣄父乙瓠（四期）

䣄父乙。

2869䣄父乙瓠

䣄父乙。

2870䣄父乙瓠（三、四期）

䣄父丁。

2871䣄父丁瓠

䣄父戊。

2872䣄父戊瓠

蓺父庚。

2873蓺父庚觚

蓺父辛。

2874蓺父辛觚

黿父乙。

2875黿父乙觚

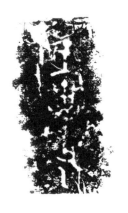

黿父乙。

2876黿父乙觚

亞父乙。

2877亞父乙觚（四期）

亞父乙。

2878亞父乙觚

八父乙。

2879八父乙瓿（四期）

八父己。

2880八父己瓿（三、四期）

孟父乙。

2881孟父乙瓿（四期）

虤父乙。

2882虤父乙瓿（四期）

執父乙。

2883執父乙瓿

史父丁。

2884史父丁瓿（二期）

史母癸。

2885 史母癸觚（四期）

文父丁。

2886 文父丁觚

鳶父丁。

2887 鳶父丁觚（二期）

䇷父戊。

2888 䇷父戊觚

奴父戊。

2889 奴父戊觚

奴父己。

2890 奴父己觚（三、四期）

丌父己。

2891丌父己瓿

舌父。

2892舌父瓿（二期）

舌父己。

2893舌父己瓿（二期）

嬰父己。

2894嬰父己瓿

雔父己。

2895雔父己瓿（四期）

羊父己。

2896羊父己瓿（二期）

[illegible]父辛。

2897[illegible]父辛觚（四期）

竝父辛。

2898竝父辛觚

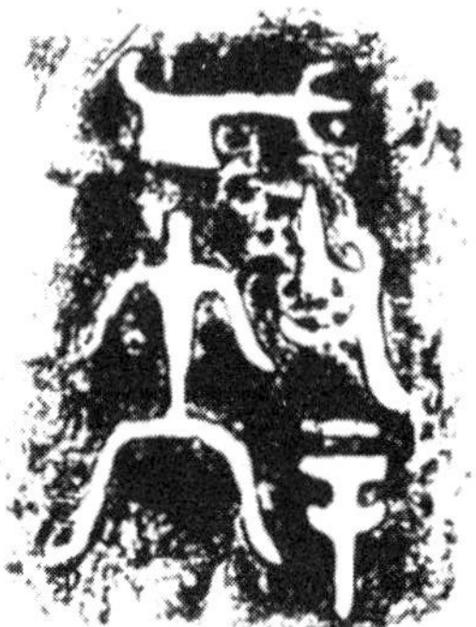

[illegible]父辛。

2899[illegible]父辛觚（三期）

椃父辛。

2900椃父辛觚（四期）

椃父辛。

2901椃父辛觚（四期）

弔父辛。

2902弔父辛觚（四期）

串父辛。

2903串父辛瓠（四期）

啓父辛。

2904啓父辛瓠（三、四期）

隻父癸。

2905隻父癸瓠

𠂤父癸。

2906𠂤父癸瓠

𠃊父癸。

2907𠃊父癸瓠

息父乙。

2908息父乙瓠（四期）

息父己。

2909息父己觚（四期）

卩父戊。

2910卩父戊觚（二期）

寅父壬。

2911寅父壬觚（三期）

父癸。

2912父癸觚（三期）

舟父丁。

2913舟父丁觚（二期）

父戊。

2914父戊觚（二期）

雁父丁。

2915雁父丁觚（四期）

舌兽戉。

2916舌兽戉觚（四期）

鄉宁己。

2917鄉宁己觚（四期）

鄉宁辛。

2918鄉宁辛觚（二期）

甲母。

2919甲母觚（四期）

2920甲母觚（四期）

甲母。

1375

魚母乙。

2921魚母乙觚（四期）

彡宫冊。

2922彡宫冊觚（四期）

彡宫冊。

2923彡宫冊觚（四期）

彡宫冊。

2924彡宫冊觚（四期）

彡宫冊。

2925彡宫冊觚（四期）

宫冊。

2926宫冊觚（四期）

子蝠竡。

2927子蝠竡觚（四期）

子蝠竡。

2928子蝠竡觚（四期）

子眉▲。

2929子眉▲觚

允冊丁。

2930允冊丁觚

幾奝冊。

2931幾奝冊觚

亞伞爾。

2932亞伞爾觚

亞卩犬。

2933亞卩犬瓢（二期）

䒫亞次。

2934䒫亞次瓢（四期）

亞木守。

2935亞木守瓢（二期）

亞丁玒。

2936亞丁玒瓢

亞巽乙。

2937亞巽乙瓢

亞高亢。

2938亞高亢瓢

亞豕馬。

2939亞豕馬觚（二期）

亞干示。

2940亞干示觚（二期）

◆衞自。

2941◆衞自觚

◇荀辈。

2942◇荀辈觚（三期）

弓丁囝。

2943弓丁囝觚（三、四期）

弓丁囝。

2944弓丁囝觚

南單菁。

2945南單菁觚（四期）

西單光。

2946西單光觚

西單己。

2947西單己觚（三、四期）

西單𠨰。

2948西單𠨰觚

北單戈。

2949北單戈觚（二期）

冬臣單。

2950冬臣單觚（四期）

耒。

2951耒觚（二期）

祖丁父乙。

2952祖丁父乙觚（四期）

祖丁父乙。

2953祖丁父乙觚

黿獻祖丁。

2954黿獻祖丁觚

木戉祖戉。

2955木戉觚（二期）

大中祖己。

2956大中祖己觚（四期）

祖辛。

2957 祖辛觚（二期）

弔黽祖癸。

2958 弔黽祖癸觚（四期）

汝子。妣丁。

2959 汝子妣丁觚（四期）

卷父日甲。

2960 卷父甲觚（四期）

甾冊父甲。

2961 甾冊父甲觚

疋冊父乙。

2962 疋冊父乙觚

丩盾父乙。

2963丩盾父乙瓿

丩盾作父乙。

2964丩盾父乙瓿

八盾父庚。

2965八盾父庚瓿（四期）

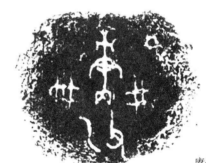

𤖅冊父乙。

2966𤖅冊父乙瓿

亞𪊨父丁。

2967亞𪊨父丁瓿

亞宁父癸。

2968亞宁父癸瓿

亞醜父丁。

2969亞醜父丁觚（四期）

亞獏父丁。

2970亞獏父丁觚（四期）

亞古父己。

2971亞古父己觚（四期）

力冊父丁。

2972力冊父丁觚（二期）

戔父丁。

2973戔父丁觚（四期）

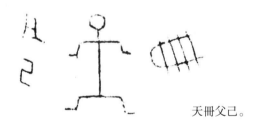

天冊父己。

2974天冊父己觚（四期）

蟲辰父己。

2975蟲辰父己觚（四期）

戉未父己。

2976戉未父己觚

冊父辛叟。

2977冊父辛叟觚

劦冊父辛叟。

2978劦冊父辛叟觚（三、四期）

卒萄父癸。

2979卒萄父癸觚（三、四期）

何疾父癸。

2980何疾父癸觚（三、四期）

何疾父癸。

2981何疾父癸觚（三、四期）

兮建父丁。

2982兮建父丁觚（四期）

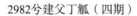父庚。

2983父庚觚（四期）

車徙父乙。

2984車徙父乙觚（四期）

亳戈冊乙。

2985亳戈冊乙觚

亳戈冊父乙。

2986亳戈冊父乙觚

珥髭婦𡥈。

2987珥髭婦𡥈瓠（四期）

子刀父丁。

2988子刀父丁瓠（四期）

子糸▲刀。

2989子糸▲刀瓠

子▲木冊。

2990子▲木冊瓠

作𦀚从彝。

2991作𦀚从彝瓠

曾方施。

2992曾方施瓠（四期）

母嬃日辛。

2993母嬃日辛觚（四期）

庚豕馬父乙。

2994庚豕馬父乙觚（四期）

髟莫父乙。

2995髟莫父乙觚（四期）

亞登兄日庚。

2996亞登兄日庚觚（四期）

亞禽示辛。

2997亞禽示辛觚

廗冊父庚匚。

2998廗冊父庚匚觚（二、三期）

宋婦彝。史。

2999宋婦觚（四期）

秉以父庚宗尊。

3000秉父庚觚

秉以父庚宗尊。

3001秉父庚觚

子蝠阿不祖癸。

3002子不觚（四期）

婦鴞作彝。亞醜。

3003婦鴞觚

又羖父癸朕母。

3004又羖父癸觚（二、三期）

亞裏壺父丁。孤竹。

3005亞裏父丁觚（四期）

亞瓶。母甲母辛尊彝。

3006亞瓶觚（四期）

戍宜無壽作祖戊彝。

3007無壽觚（四期）

亞或其說作父己彝。黃。

3008其說觚（四期）

亞□羌旗向作尊彝。

3009羌旗向觚（四期）

亞瓶。賤作父丁寶尊彝。

3010賤作父丁觚

亞，受丁、旆乙、若癸、自乙。

3011亞若癸觚（四期）

亞，受丁、旆乙、若癸、自乙。

3012亞若癸觚（四期）

𠭯姷賜賞貝于姷，用作父乙彝。

3013𠭯姷觚（四期）

甲午，麋婦賜貝于𨺚，用作辟日乙尊彝。臤。

3014麋婦觚（四期）

爵

子。

3015子爵（四期）

子。

3016子爵（二、四期）

子。

3017子爵（四期）

子。

3018子爵

子。

3019子爵

子。

3020子爵（二、三期）

子。

3021子爵（二期）

子。

3022子爵（四期）

子。

3023子爵（二期）

囝。

3024囝爵（四期）

屮。

3025屮爵

𡴂。

3026𡴂爵（二期）

天。

3027天爵（四期）

天。

3028天爵

天。

3029天爵

大。

3030大爵

大。

3031大爵

大。

3032大爵

兴。

3033兴爵（四期）

兴。

3034兴爵

兴。

3035兴爵

奚。

3036奚爵

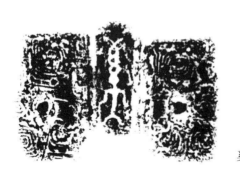

奚。

3037奚爵

亢。

3038亢爵（四期）

屰。

3039屰爵

屰。

3040屰爵

逆。

3041逆爵（二、三期）

㣇。

3042㣇爵

㢱。

3043㢱爵

夒。

3044夒爵

3045 爵（三、四期）

3046 爵（三、四期）

先。

3047 先爵

失。

3048 失爵

失。

3049 失爵（四期）

失。

3050 失爵（二期）

失。

3051失爵

失。

3052失爵

失。

3053失爵

光。

3054光爵

見。

3055見爵

見。

3056見爵（二期）

卩。

3057卩爵（四期）

令。

3058令爵

令。

3059令爵

印。

3060印爵（二期）

卷。

3061卷爵

卷。

3062卷爵

龡。

3063龡爵（二期）

重。

3064重爵

重。

3065重爵

重。

3066重爵

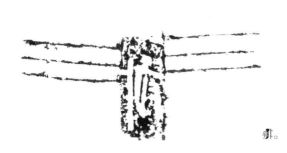

刵。

3067刵爵

給。

3068給爵

何。

3069何爵（三、四期）

何。

3070何爵

何。

3071何爵

匿。

3072匿爵

匿。

3073匿爵

匿。

3074匿爵

匿。

3075匿爵

匿。

3076匿爵

克。

3077克爵

克。

3078克爵（三期）

克。

3079克爵（三期）

㠱。

3080㠱爵

3081𣎴爵

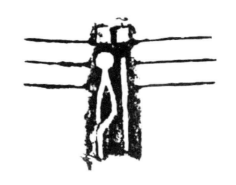

3082𣎴爵

3083舮爵（商末周初）

3084佣爵

3085僻爵（二期）

3086僻爵（三、四期）

偶。

3087偶爵

休。

3088休爵

狀。

3089狀爵（三期）

戎。

3090戎爵（三、四期）

飲。

3091飲爵

役。

3092役爵

戈。

3093戈爵

戈。

3094戈爵

戈。

3095戈爵

戈。

3096戈爵

戈。

3097戈爵

戈。

3098戈爵

戉。

3099戉爵（二期）

伐。

3100伐爵

𦒃。

3101𦒃爵

執。

3102執爵（二、三期）

執。

3103執爵（三、四期）

位。

3104位爵

北。

3105北爵（二、三期）

比。

3106比爵

保。

3107保爵（四期）

保。

3108保爵

扶。

3109扶爵

屮。

3110屮爵

鄉。

3111鄉爵

母。

3112母爵（二期）

母。

3113母爵（二期）

母。

3114母爵（二期）

母。

3115母爵

媓。

3116媓爵

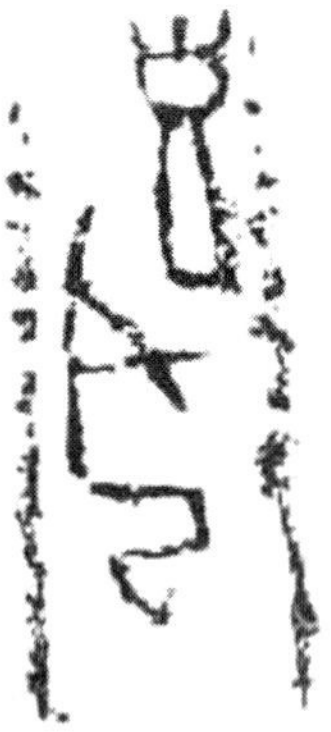
媓。

3117媓爵

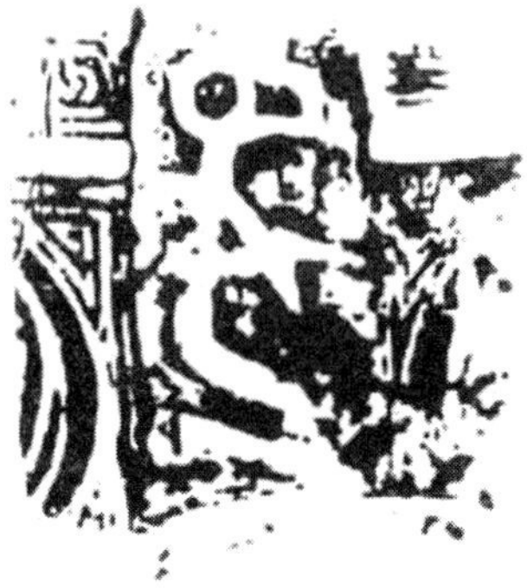
媢。

3118媢爵（二、三期）

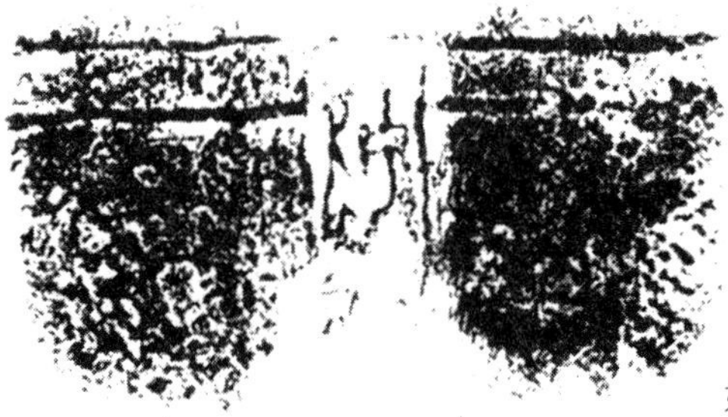
妍。

3119妍爵

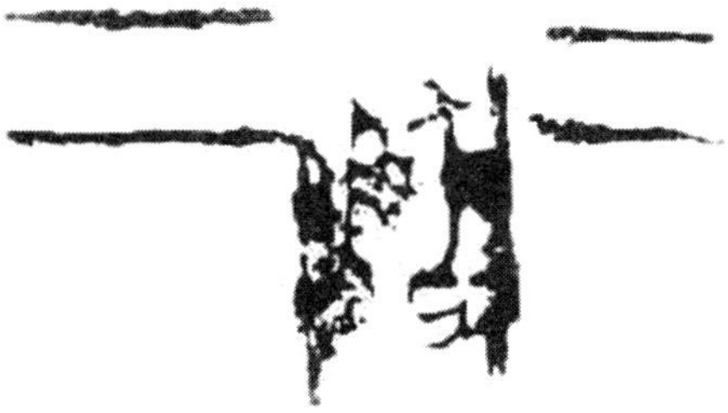
妍。

3120妍爵（四期）

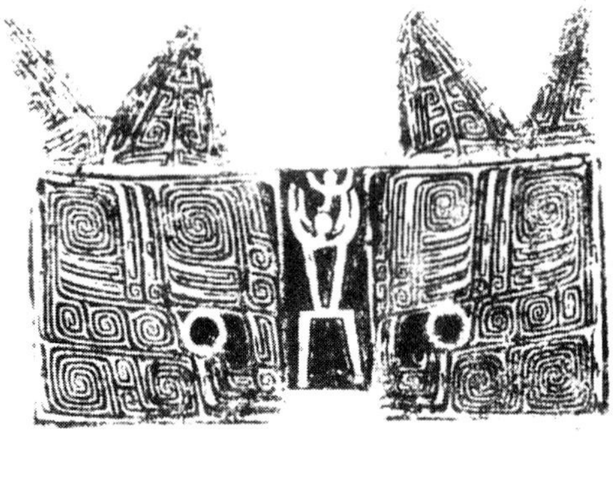
𡗜。

3121𡗜爵

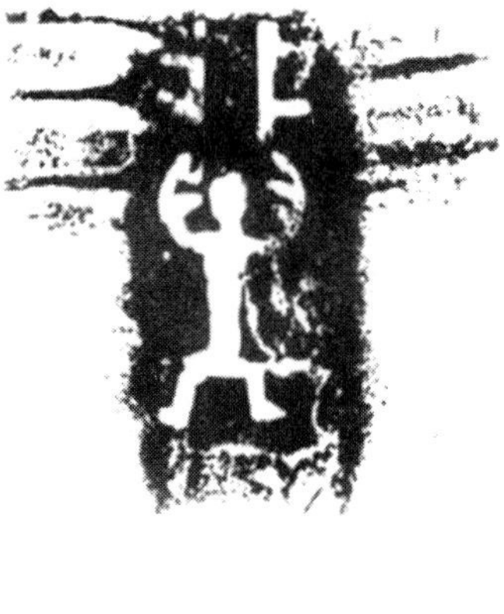
𡗜。

3122𡗜爵

萁。

3123萁爵

廲。

3124廲爵（三、四期）

旘。

3125旘爵

旘。

3126旘爵（三、四期）

夲旅。

3127夲旅爵

旅。

3128旅爵（四期）

旅。

3129旅爵（二期）

旅。

3130旅爵

旅。

3131旅爵（四期）

3132爵（二期）

3133爵（二期）

3134爵（二期）

奄。

3135奄爵

豕。

3136豕爵

豕。

3137豕爵

豕。

3138豕爵

李。

3139李爵（三、四期）

李。

3140李爵（三、四期）

圳。

3141圳爵

又。

3142又爵

又。

3143又爵（二期）

敓。

3144敓爵

守。

3145守爵（四期）

守。

3146守爵（四期）

得。

3147得爵

聿。

3148聿爵

聿。

3149聿爵

聿。

3150聿爵

聿。

3151聿爵

聿。

3152聿爵

史。

3153史爵

史。

3154史爵

史。

3155史爵

史。

3156史爵

史。

3157史爵

史。

3158史爵

史。

3159史爵

史。

3160史爵（四期）

史。

3161史爵（三、四期）

史。

3162史爵（四期）

史。

3163史爵（四期）

史。

3164史爵（四期）

史。

3165史爵（四期）

史。

3166史爵（四期）

史。

3167史爵（四期）

史。

3168史爵（四期）

史。

3169史爵（四期）

史。

3170史爵（四期）

史。

3171史爵（四期）

史。

3172史爵（四期）

史。

3173史爵（四期）

史。

3174史爵（四期）

鼻。

3175鼻爵（四期）

奴。

3176奴爵

奴。

3177奴爵

Ⅵ。

3178Ⅵ爵（二期）

抹。

3179抹爵

啓。

3180啓爵（三、四期）

峀。

3181峀爵（二期）

峀。

3182峀爵（二期）

谷。

3183谷爵

爰。

3184爰爵

爰。

3185爰爵（三期）

爰。

3186爰爵（三期）

受。

3187受爵

興。

3188興爵

興。

3189興爵（二期）

興。

3190興爵

興。

3191興爵（二期）

3192爵

界。

3193界爵

3194爵

止。

3195止爵

沚。

3196沚爵（二期）

沚。

3197沚爵（二期）

步。

3198步爵

步。

3199步爵（二期）

徙。

3200徙爵（二期）

亞。

3201亞爵（三期）

登。

3202登爵

开。

3203开爵

正。

3204正爵

正。

3205正爵

正。

3206正爵

正。

3207正爵（二、三期）

踁。

3208踁爵（二期）

踁。

3209踁爵（二期）

踁。

3210踁爵

踁。

3211踁爵（二期）

踁。

3212踁爵

敊。

3213敊爵（二期）

蠱。

3214蠱爵

蠱。

3215蠱爵

蠱。

3216蠱爵

目。

3217目爵

匿。

3218匿爵

嬰。

3219嬰爵

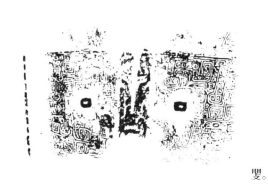

嬰。

3220嬰爵

嬰。

3221嬰爵（二期）

嬰。

3222嬰爵（二期）

羠。

3223羠爵

舌。

3224舌爵（二、三期）

舌。

3225舌爵（二、三期）

舌。

3226舌爵

舌。

3227舌爵

耳。

3228耳爵

恩。

3229恩爵

恩。

3230恩爵（三期）

虎。

3231虎爵（四期）

象。

3232象爵

象。

3233象爵（二期）

象。

3234象爵（三期）

羊。

3235羊爵

羊。

3236羊爵

羊。

3237羊爵

羊。

3238羊爵（二期）

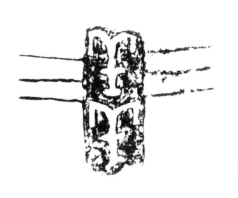

羍。

3239羍爵

羍。

3240羍爵（二期）

牢。

3241牢爵（二期）

豕。

3242豕爵

豕。

3243豕爵

豕。

3244豕爵

豕。

3245豕爵

3246爵（三、四期）

3247爵

3248爵

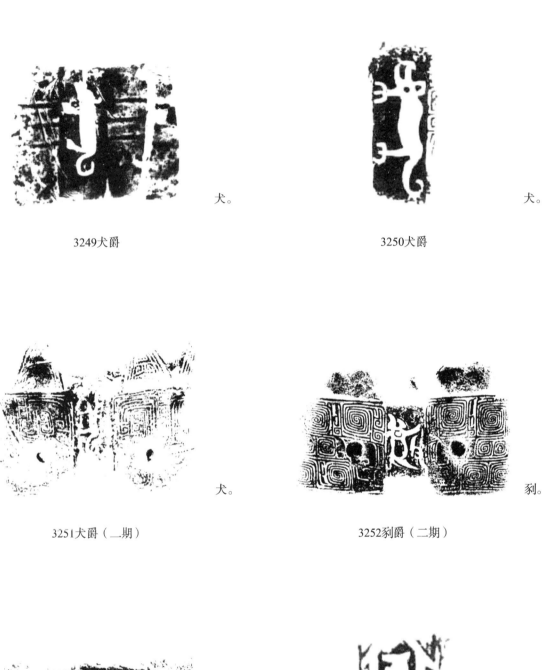

3249犬爵

犬。

3250犬爵

犬。

3251犬爵（二期）

犬。

3252剢爵（二期）

剢。

3253剢爵（二期）

剢。

3254家爵（三、四期）

家。

戗。

3255戗爵

梟。

3256梟爵

橐。

3257橐爵（二期）

橐。

3258橐爵（二期）

橐。

3259橐爵（二期）

橐。

3260橐爵（二期）

橐。

3261橐爵（二期）

橐。

3262橐爵（二期）

橐。

3263橐爵（二期）

橐。

3264橐爵（二期）

橐。

3265橐爵（二期）

龍。

3266龍爵

黿。

3267黿爵（二期）

黽。

3268黽爵

魚。

3269魚爵

魚。

3270魚爵（四期）

魚。

3271魚爵

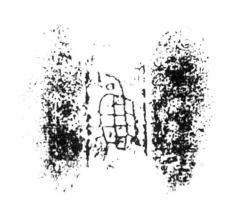

魚。

3272魚爵

魚。

3273魚爵（四期）

魚。

3274魚爵

魚。

3275魚爵

鼻。

3276鼻爵（三、四期）

鼻。

3277鼻爵

鼻。

3278鼻爵（三、四期）

鼻。

3279鼻爵

萬。

3280萬爵（三、四期）

萬。

3281萬爵（二期）

萬。

3282萬爵

萬。

3283萬爵

巳。

3284巳爵（三、四期）

虫。

3285虫爵

弔。

3286弔爵

弔。

3287弔爵

弔。

3288弔爵

弔。

3289弔爵（四期）

弔。

3290弔爵（四期）

弔。

3291弔爵（四期）

弔。

3292弔爵

爲。

3293爲爵（二期）

爲。

3294爲爵（二期）

。

3295角（三、四期）

爵。

3296爵

3297☐爵

3298脊爵

3299鳥爵

3300鳥爵（二、三期）

3301鳥爵

3302鳥爵（三、四期）

鳶。

3303鳶爵（二、三期）

鳶。

3304鳶爵（二期）

冊。

3305冊爵（四期）

冊。

3306冊爵（二期）

告。

3307告爵

谷。

3308谷爵

3309合爵

3310合爵

3311合爵

3312合爵（三、四期）

3313合爵

3314合爵

畣。

3315畣爵（二期）

亳。

3316亳爵

亳。

3317亳爵

亳。

3318亳爵

邑。

3319邑爵

邑。

3320邑爵

酉。

3321酉爵（二期）

酉。

3322酉爵（二、三期）

3323𩇩爵

3324𩇩爵

3325𩇩爵

3326𩇩爵

3327🐄爵

3328🐄爵（四期）

3329🐄爵（四期）

3330🐄爵（三、四期）

3331🐄爵

3332🐄爵

豆。

3333豆爵（四期）

皿。

3334皿爵

皿。

3335皿爵

盉。

3336盉爵（二期）

盥。

3337盥爵

曰。

3338曰爵

刀。

3339刀爵（三、四期）

刀。

3340刀爵

紉。

3341紉爵

紉。

3342紉爵

戈。

3343戈爵（四期）

戈。

3344戈爵

戈。

3345戈爵

戈。

3346戈爵

戈。

3347戈爵

戈。

3348戈爵

戈。

3349戈爵

戈。

3350戈爵

戈。

3351戈爵

戈。

3352戈爵

戈。

3353戈爵

戈。

3354戈爵

戈。

3355戈爵

戈。

3356戈爵（四期）

職。

3357職爵

職。

3358職爵（二期）

職。

3359職爵（二期）

職。

3360職爵（二期）

咸。

3361咸爵

寅。

3362寅爵

矢。

3363矢爵（二期）

矢。

3364矢爵（二期）

↑。

射。

3365↑爵（二期）

3366射爵

葡。

葡。

3367葡爵

3368葡爵

斁。

3369斁爵

戈。

3370戈爵（三、四期）

盾。

3371盾爵

盾。

3372盾爵

旈。

3373旈爵

觶。

3374觶爵（二期）

旟。

3375旟爵

罕。

3376罕爵

賈。

3377賈爵

賈。

3378賈爵

旬。

3379旬爵

灾。

3380灾爵

3381不爵（二期）

3382不爵（三、四期）

3383不爵（四期）

3384不爵（四期）

3385不爵（四期）

3386不爵

3387冎爵（四期）

3388冎爵（二期）

3389冎爵（二期）

3390冎爵（四期）

3391冎爵

3392冎爵（四期）

丙。

3393丙爵（四期）

丙。

3394丙爵（四期）

丙。

3395丙爵（四期）

丙。

3396丙爵（四期）

甲。

3397甲爵

庚。

3398庚爵

腐。

3399腐爵

腐。

3400腐爵（三期）

腐。

3401腐爵（二期）

辛。

3402辛爵（三期）

辛。

3403辛爵

癸。

3404癸爵

3405 矣爵（二期）

3406 矣爵（二期）

3407 矣爵（二、三期）

3408 矣爵（二期）

3409 矣爵（四期）

3410 矣爵

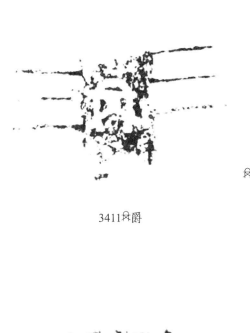

3411爵

3412爵（四期）

3413爵

3414爵

3415爵

3416爵（三、四期）

3417 爪爵

3418 爪爵

3419 爪爵

3420 爪爵

3421 爪爵（二期）

3422 爪爵（二期）

冊。

3423冊爵

爻。

3424爻爵（四期）

叀。

3425叀爵（三、四期）

田。

3426田爵

畐。

3427畐爵

名。

3428名爵

古。

3429古爵

Д。

3430Д爵

夲。

3431夲爵（三、四期）

夲。

3432夲爵

夆。

3433夆爵

襄。

3434襄爵

襄。

3435襄爵

襄。

3436襄爵

乚。

3437乚爵

串。

3438串爵

串。

3439串爵（二期）

中。

3440中爵（二期）

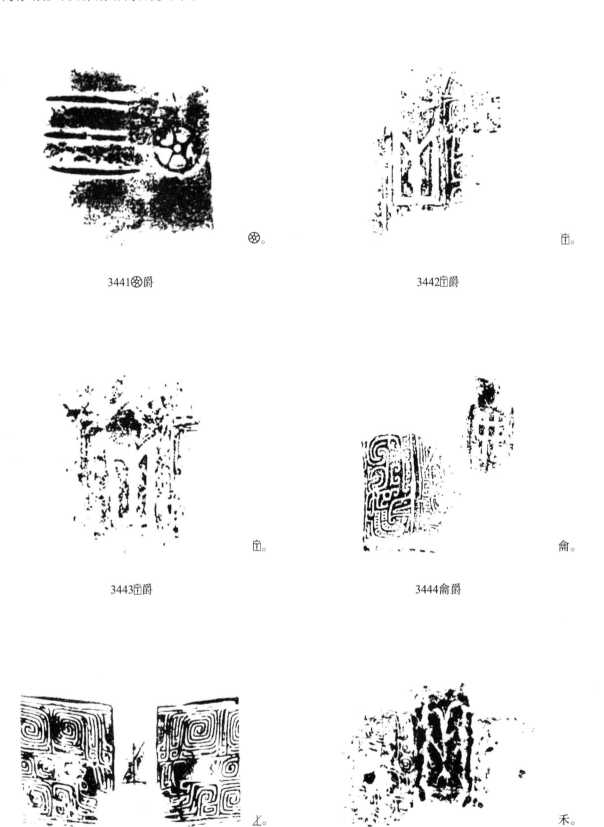

3441⊛爵

3442冊爵

3443冊爵

3444龠爵

3445⼻爵（二期）

3446禾爵（二期）

弔。

3447弔爵

啬。

3448啬爵

3449爵

3450爵

分。

3451爵（三、四期）

3452分爵（二期）

弜。

3453弜爵

木。

3454木爵（二期）

秉。

3455秉爵（二期）

秉。

3456秉爵（二期）

析。

3457析爵（二期）

析。

3458析爵

文。

3459文爵（二、三期）

舟。

3460舟爵

雫。

3461▨爵（三、四期）

3462雫爵（二期）

◇。

3463◇爵

◇。

3464◇爵

息。

3465息爵（四期）

乙。

3466乙爵

囝。

3467囝爵

囝。

3468囝爵

𠃊。

3469𠃊爵（中商）

𩰬。

3470𩰬爵

爻。

3471爻爵（二期）

爻。

3472爻爵（二期）

爻。

3473爻爵

爻。

3474爻爵（二期）

爻。

3475爻爵（二期）

▬。

3476▬爵

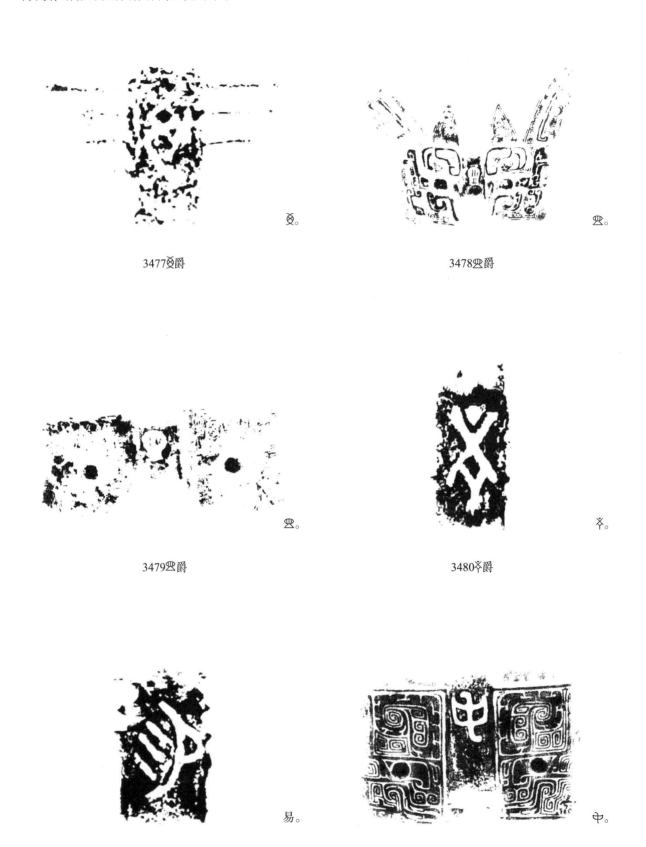

3477⊗爵

3478⊕爵

3479⊕爵

3480⊗爵

3481易爵

3482屮爵

鬻。

3483鬻爵（二期）

亯。

3484亯爵（二期）

孛。

3485孛爵

戈大。

3486戈大爵（三期）

及。

3487及爵

郖。

3488郖爵（四期）

巿。

3489巿爵（三期）

涉。

3490涉爵（三期）

融。

3491融爵（四期）

章。

3492章爵（四期）

虩。

3493虩爵（四期）

虩。

3494虩爵（四期）

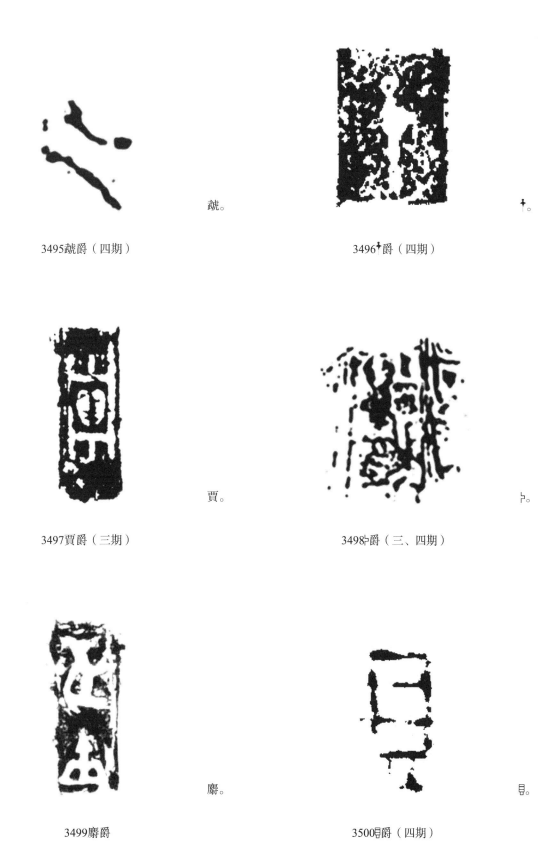

疏。

3495疏爵（四期）

✝。

3496✝爵（四期）

賈。

3497賈爵（三期）

卜。

3498卜爵（三、四期）

麝。

3499麝爵

目。

3500目爵（四期）

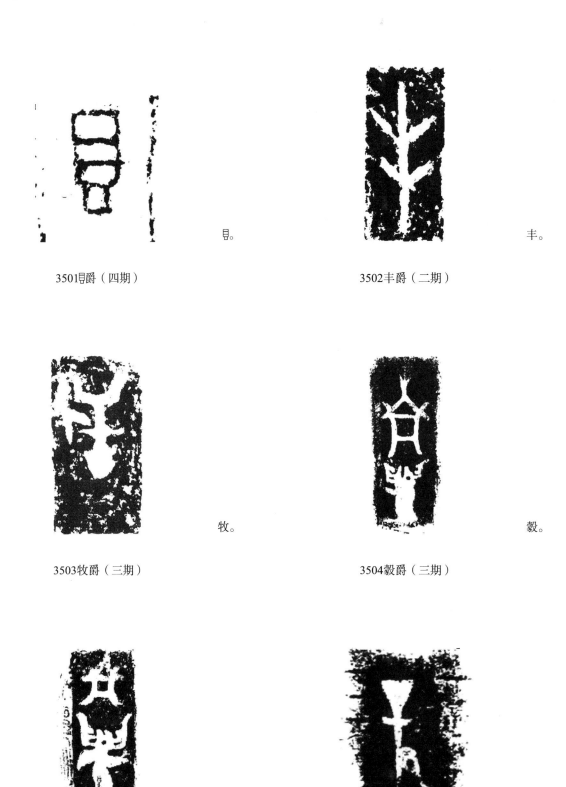

目。

3501目爵（四期）

丰。

3502丰爵（二期）

牧。

3503牧爵（三期）

觳。

3504觳爵（三期）

觳。

3505觳爵（三期）

叔。

3506叔爵（三期）

珥。

3507珥爵（二期）

亡終。

3508亡終爵（三、四期）

亡終。

3509亡終爵

◆衛。

3510◆衛爵

◆衛。

3511◆衛爵

珥日。

3512珥日爵

亞夨。

3513亞夨爵（二期）

亞夨。

3514亞夨爵（二期）

亞夨。

3515亞夨爵

亞夨。

3516亞夨爵

亞夨。

3517亞夨爵（二期）

亞夨。

3518亞夨爵

亞奚。

3519亞奚爵

亞奚。

3520亞奚爵

亞奚。

3521亞奚爵（二期）

亞奚。

3522亞奚爵（二期）

亞奚。

3523亞奚爵（二期）

亞酕。

3524亞酕爵（四期）

亞醜。

3525亞醜爵（四期）

亞醜。

3526亞醜爵（四期）

亞醜。

3527亞醜爵（四期）

亞醜。

3528亞醜爵（四期）

亞醜。

3529亞醜爵

亞子。

3530亞子爵

亞佣。

3531亞佣爵

亞𢦏。

3532亞𢦏爵

亞𢦏。

3533亞𢦏爵（四期）

亞𢦏。

3534亞𢦏爵（四期）

亞屰。

3535亞屰爵

亞屰。

3536亞屰爵（三、四期）

亞𢦚。

3537亞𢦚爵

亞𢦚。

3538亞𢦚爵

亞盥。

3539亞盥爵（三期）

亞羖。

3540亞羖爵（二期）

亞豕。

3541亞豕爵（四期）

亞犬。

3542亞犬爵

亞犬。

3543亞犬爵

亞。

3544亞爵

亞。

3545亞爵（二、三期）

亞馬。

3546亞馬爵

亞盤。

3547亞盤爵（商末周初）

亞鳥。

3548亞鳥爵（二期）

亞雉。

3549亞雉爵

亞隻。

3550亞隻爵（二期）

亞隻。

3551亞隻爵（二期）

亞隻。

3552亞隻爵（二期）

亞禽。

3553亞禽爵（二、三期）

亞龣。

3554亞龣爵

亞過。

3555亞過爵（四期）

亞。

3556亞爵

亞沚。

3557亞沚爵

亞沚。

3558亞沚爵

亞弜。

3559亞弜爵（二期）

亞弜。

3560亞弜爵（二期）

亞弜。

3561亞弜爵（二、三期）

亞舟。

3562亞舟爵

亞舟。

3563亞舟爵（二期）

亞舟。

3564亞舟爵（二期）

亞冗。

3565亞冗爵（二、三期）

亞冗。

3566亞冗爵

亞戈。

3567亞戈爵（二期）

亞告。

3568亞告爵

亞告。

3569亞告爵（三、四期）

亞𦥑。

3570亞𦥑爵（三、四期）

亞𥄂。

3571亞𥄂爵

亞𦥑。

3572亞𦥑爵（二期）

3573亞與爵（二期）

3574亞與爵（二期）

3575亞與爵（二期）

3576亞與爵（二期）

3577亞與爵（二期）

3578亞與爵（二期）

亞𣥦。

3579亞𣥦爵（二期）

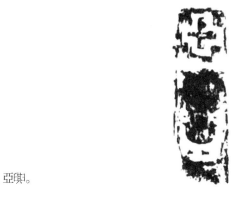

亞𣥦。

3580亞𣥦爵（二期）

亞𣥦。

3581亞𣥦爵（二期）

亞𣥦。

3582亞𣥦爵（二期）

亞𣥦。

3583亞𣥦爵（二期）

亞𣥦。

3584亞𣥦爵（二期）

亞辛。

3585亞辛爵（三、四期）

亞長。

3586亞長爵（二期）

祖甲。

3587祖甲爵（二期）

祖甲。

3588祖甲爵

祖乙。

3589祖乙爵（四期）

祖乙。

3590祖乙爵

祖乙。

3591祖乙爵

祖丁。

3592祖丁爵

祖丁。

3593祖丁爵（三、四期）

祖戊。

3594祖戊爵（四期）

祖戊。

3595祖戊爵

祖戊。

3596祖戊爵（四期）

祖己。

3597祖己爵

祖己。

3598祖己爵（二、三期）

祖庚。

3599祖庚爵

祖庚。

3600祖庚爵（四期）

祖庚。

3601祖庚爵

祖辛。

3602祖辛爵（四期）

祖辛。

3603祖辛爵

祖辛。

3604祖辛爵（三、四期）

祖壬。

3605祖壬爵（三、四期）

祖癸。

3606祖癸爵（二、三期）

祖癸。

3607祖癸爵（三、四期）

祖癸。

3608祖癸爵

父甲。

3609父甲爵（四期）

父甲。

3610父甲爵

父甲。

3611父甲爵

父甲。

3612父甲爵

父乙。

3613父乙爵（四期）

父乙。

3614父乙爵

父乙。

3615父乙爵（四期）

父乙。

3616父乙爵

父乙。

3617父乙爵

父乙。

3618父乙爵（二期）

父乙。

3619父乙爵

父乙。

3620父乙爵

父乙。

3621父乙爵

父乙。

3622父乙爵

父乙。

3623父乙爵（三、四期）

父乙。

3624父乙爵（二、三期）

父乙。

3625父乙爵（二期）

父乙。

3626父乙爵（二、三期）

父乙。

3627父乙爵（三、四期）

父乙。

3628父乙爵（二期）

父乙。

3629父乙爵（四期）

父丁。

3630父丁爵（三、四期）

父丁。

3631父丁爵

父丁。

3632父丁爵

父丁。

3633父丁爵

父丁。

3634父丁爵（三、四期）

父丁。

3635父丁爵

父丁。

3636父丁爵

父丁。

3637父丁爵

父丁。

3638父丁爵

父丁。

3639父丁爵

父丁。

3640父丁爵（四期）

父戊。

3641父戊爵（三、四期）

父戊。

3642父戊爵（三期）

父戊。

3643父戊爵（四期）

父己。

3644父己爵

父己。

3645父己爵

父己。

3646父己爵

父己。

3647父己爵

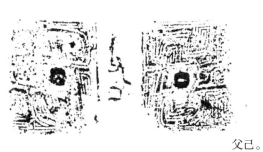

父己。

3648父己爵（四期）

父己。

3649父己爵

父己。

3650父己爵（三、四期）

父庚。

3651父庚爵

父辛。

3652父辛爵

父辛。

3653父辛爵（三、四期）

父辛。

3654父辛爵（三、四期）

父辛。

3655父辛爵（三、四期）

父辛。

3656父辛爵

父辛。

3657父辛爵

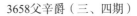

父辛。

3658父辛爵（三、四期）

父辛。

3659父辛爵

父辛。

3660父辛爵

父壬。

3661父壬爵

父壬。

3662父壬爵

父壬。

3663父壬爵（二期）

父壬。

3664父壬爵（二期）

父癸。

3665父癸爵

父癸。

3666父癸爵

父癸。

3667父癸爵（三、四期）

父癸。

3668父癸爵(二、三期)

父癸。

3669父癸爵

父癸。

3670父癸爵（二期）

□父。

3671□父爵（四期）

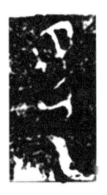

母乙。

3672母乙爵（四期）

母己。

3673母己爵（四期）

母己。

3674母己爵

母癸。

3675母癸爵（四期）

妣癸。

3676妣癸爵

示甲。

3677示甲爵（二期）

示庚。

3678示庚爵

虫甲。

3679虫甲爵（四期）

甲。

3680甲爵（二期）

執甲。

3681執甲爵

癸乙。

3682癸乙爵

何乙。

3683何乙爵

乙。

3684乙爵

乙。

3685乙爵

己。

3686己爵

戉乙。

3687戉乙爵

戉乙。

3688戉乙爵

戉乙。

3689戉乙爵

戉乙。

3690戉乙爵（三、四期）

戉乙。

戉乙。

3691戉乙爵（三、四期）

戉乙。

3692戉乙爵（三、四期）

3693斝丙爵

3694斝丁爵

3695斝丁爵

3696斝丁爵

3697斝丁爵

3698斝丁爵

鼎丁。

3699鼎丁爵

鼎戊。

3700鼎戊爵（二期）

鼎己。

3701鼎己爵（三、四期）

鼎辛。

3702鼎辛爵

鼎辛。

3703鼎辛爵

鼎癸。

3704鼎癸爵

癸癸。

3705癸癸爵

乙。

3706乙爵

守乙。

3707守乙爵（二期）

束乙。

3708束乙爵（三期）

束己。

3709束己爵（三、四期）

戈乙。

3710戈乙爵（二期）

戈乙。

3711戈乙爵（四期）

戈丁。

3712戈丁爵（三、四期）

戈辛。

3713戈辛爵（三、四期）

戈辛。

3714戈辛爵（三、四期）

戈辛。

3715戈辛爵（三、四期）

牧丙。

3716牧丙爵（二期）

山丁。

3717山丁爵

羞丁。

3718羞丁爵

共丁。

3719共丁爵

屰丁。

3720屰丁爵

□丁。

3721□丁爵（三、四期）

卒戊。

3722卒戊爵

竝己。

3723竝己爵（二、三期）

夕己。

3724夕己爵（二、三期）

夕己。

3725夕己爵（二、三期）

羊己。

3726羊己爵

西己。

3727西己爵（四期）

ㄣ乙。

3728ㄣ乙爵（四期）

亢己。

3729亢己爵

執己。

3730執己爵

執己。

3731執己爵（四期）

▲庚。

3732▲庚爵

萬庚。

3733萬庚爵（三、四期）

羊庚。

3734羊庚爵

尤辛。

3735尤辛爵（三、四期）

屰癸。

3736屰癸爵（二、三期）

企癸。

3737企癸爵

蠱癸。

3738蠱癸爵

夅癸。

3739夅癸爵（二期）

史癸。

3740史癸爵（三、四期）

凵癸。

3741凵癸爵

盁癸。

3742盁癸爵

隽癸。

3743隽癸爵

癸。

3744癸爵（四期）

癸。

3745癸爵（二期）

窒癸。

3746窒癸爵

庚子。

3747庚子爵

子癸。

3748子癸爵

子🐾。

3749子🐾爵

子🔲。

3750子🔲爵

子🔲。

3751子🔲爵（四期）

子柯。

3752子柯爵

子媚。

3753子媚爵（二期）

子媚。

3754子媚爵

子媚。

3755子媚爵（二期）

子媚。

3756子媚爵（二期）

子媚。

3757子媚爵（二期）

子媚。

3758子媚爵（二期）

子媚。

3759子媚爵（三、四期）

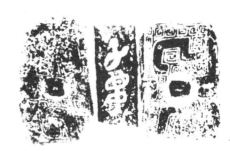

子媚。

3760子媚爵

子女。

3761子女爵

子守。

3762子守爵

子守。

3763子守爵（二期）

子又。

3764子又爵

子蝠。

3765子蝠爵（三期）

子蝠。

3766子蝠爵(三期)

子蝠。

3767子蝠爵

子蝠。

3768子蝠爵（三期）

子蝠。

3769子蝠爵（四期）

子蝠。

3770子蝠爵

子蝠。

3771子蝠爵

子蝠。

3772子蝠爵

子蝠。

3773子蝠爵

子蝠。

3774子蝠爵（三、四期）

子蝠。

3775子蝠爵

子脊。

3776子脊爵（三、四期）

子脊。

3777子脊爵（三、四期）

子贏。

3778子贏爵（二期）

子🏺。

3779子🏺爵（三、四期）

子多。

3780子多爵

子鼎。

3781子鼎爵（四期）

子鼎。

3782子鼎爵（四期）

子糸。

3783子糸爵（三、四期）

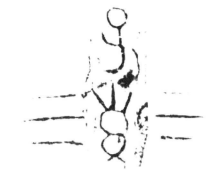

子糸。

3784子糸爵

子糸。

3785子糸爵

子禾。

3786子禾爵

子禾。

3787子禾爵

子不。

3788子不爵（四期）

子▲。

3789子▲爵（四期）

子▲。

3790子▲爵

子雨。

3791子雨爵

子雨。

3792子雨爵

子梟。

3793子梟爵

子就。

3794子就爵

子畐。

3795子畐爵

子刀。

3796子刀爵（四期）

子□。

3797子□爵

子𠦪。

3798子𠦪爵

子兔。

3799子兔爵

子析。

3800子析爵（四期）

子□。

3801子□爵（二、三期）

子義。

3802子義爵（二、三期）

子由。

3803子由爵（二期）

子🔨。

3804子🔨爵（四期）

婦好。

3805婦好爵（二期）

婦好。

3806婦好爵（二期）

婦好。

3807婦好爵（二期）

婦好。

3808婦好爵（二期）

婦好。

3809婦好爵（二期）

婦好。

3810婦好爵（二期）

婦好。

3811婦好爵（二期）

婦好。

3812婦好爵（二期）

婦好。

3813婦好爵（二期）

婦好。

3814婦好爵（二期）

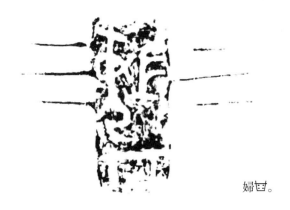

婦甘。

3815婦甘爵

母婞。

3816母婞爵

蚨母。

3817蚨母爵

蚨婦。

3818蚨婦爵

甲婦。

3819甲婦爵（二期）

婦竹。

3820婦竹爵（二期）

信母。

3821信母爵（二期）

□母。

3822□母爵（二、三期）

荀。

3823荀爵（二期）

宁荀。

3824宁荀爵（四期）

荀失。

3825荀失爵（二、三期）

夲荀。

3826夲荀爵

五荀。

3827五荀爵（四期）

荀戉。

3828荀戉爵（四期）

敦天。

3829敦天爵

戈天。

3830戈天爵

亞天。

3831亞天爵

天丙。

3832天丙爵（二、三期）

天𠬝。

3833天𠬝爵

▲丁。

3834▲丁爵

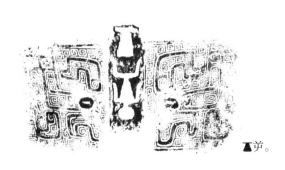

▲芇。

3835▲芇爵

▲芇。

3836▲芇爵（三、四期）

1529

屰征。

3837屰征爵（三、四期）

夲何。

3838夲何爵

山何。

3839山何爵

旅。

3840旅爵

免。

3841免爵（三期）

周免。

3842周免爵

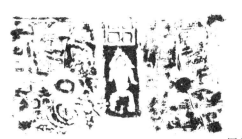

周兔。

3843周兔爵

飲示。

3844飲示爵（三、四期）

爾◇。

3845爾◇爵

蓺叔。

3846蓺叔爵（四期）

蓺叔。

3847蓺叔爵（四期）

保束。

3848保束爵（二期）

保㐺。

3849保㐺爵

䎡執。

3850䎡執爵

[illegible]衔。

3851[illegible]衔爵

爰爾。

3852爰爾爵（三期）

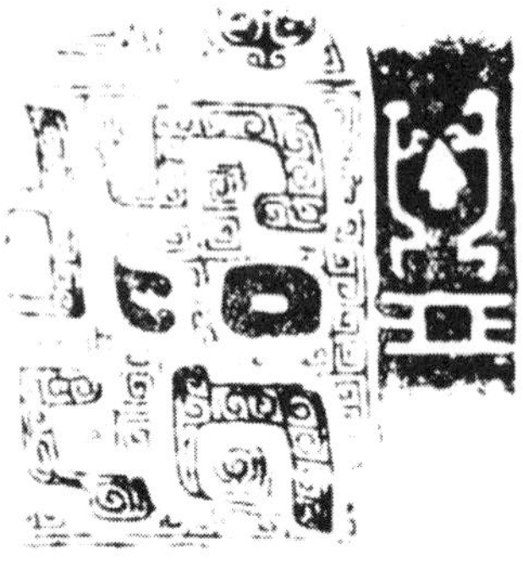

鄉宁。

3853鄉宁爵（三、四期）

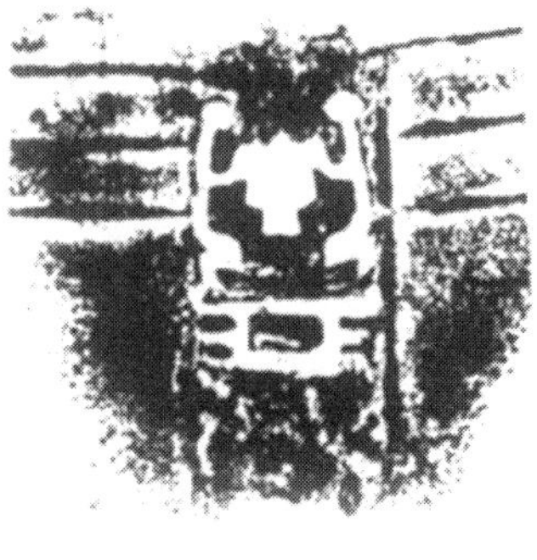

鄉宁。

3854鄉宁爵

鄉宁。

3855鄉宁爵（三、四期）

鄉宁。

3856鄉宁爵（三期）

北單。

3857北單爵

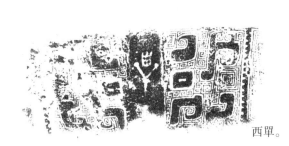

西單。

3858西單爵

西單。

3859西單爵

西單。

3860西單爵（三期）

單光。

3861單光爵

單竝。

3862單竝爵

◇竝。

3863◇竝爵

木竝。

3864木竝爵（四期）

刞□。

3865刞□爵

盾得。

3866盾得爵（四期）

盾得。

3867盾得爵（四期）

盾龀。

3868盾龀爵

秉盾。

3869秉盾爵

史犬。

3870史犬爵（四期）

敊▲。

3871敊▲爵

▲致。

3872▲致爵

盥、。

3873盥、爵（三期）

盥、。

3874盥、爵

𡗜又。

3875𡗜又爵

又羖。

3876又羖爵

又羖。

3877又羖爵

又羖。

3878又羖爵（四期）

叉宁。

3879叉宁爵

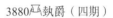

凡執。

3880凡執爵（四期）

翌正。

3881翌正爵（四期）

戎翌。

3882戎翌爵

蠡。

3883蠡爵

齒戉。

3884齒戉爵（四期）

戊木。

3885戊木爵

宁。

3886宁爵

豕乙。

3887豕乙爵

豕。

3888豕爵（三、四期）

豕。

3889豕爵

羊口。

3890羊口爵（四期）

羊□□。

3891羊□□爵（四期）

鳥卯。

3892鳥卯爵（三、四期）

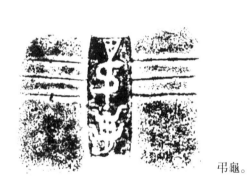

弔龜。

3893弔龜爵（二期）

弔龜。

3894弔龜爵

弔龜。

3895弔龜爵

弔龜。

3896弔龜爵

弔鼄。

3897弔鼄爵（二期）

冂龍。

3898冂龍爵（三、四期）

冂戈。

3899冂戈爵（三、四期）

冂戈。

3900冂戈爵（四期）

戈叀。

3901戈叀爵（三、四期）

家戈。

3902家戈爵

守戈。

3903守戈爵（二期）

乚刀。

3904乚刀爵

出甗。

3905出甗爵

𤕫失。

3906𤕫失爵

𤕫失。

3907𤕫失爵

𤕫失。

3908𤕫失爵（三、四期）

矢宁。

3909矢宁爵

矢宁。

3910矢宁爵（二、三期）

矢丙。

3911矢丙爵

刀口。

3912刀口爵

戕鳥。

3913戕鳥爵

亦車。

3914亦車爵（三、四期）

亦車。

3915亦車爵（三、四期）

車犬。

3916車犬爵（三期）

車買。

3917車買爵（三、四期）

車買。

3918車買爵（三、四期）

貝（買？）車。

3919貝車爵（三、四期）

弓車。

3920弓車爵（三、四期）

舟壬。

3921舟壬爵

▲啓。

3922▲啓爵

凫冊。

3923凫冊爵

凫冊。

3924凫冊爵

蒋冊。

3925蒋冊爵

蒋冊。

3926蒋冊爵（三期）

𢦏冊。

3927𢦏冊爵

劦冊。

3928劦冊爵

兄冊。

3929兄冊爵（四期）

𩁹冊。

3930𩁹冊爵（三、四期）

韋冊。

3931韋冊爵（二期）

𠂤臽。

3932𠂤臽爵

糸夆。

3933糸夆爵

告祖。

3934告祖爵（三期）

告宁。

3935告宁爵

告宁。

3936告宁爵（四期）

告囗。

3937告囗爵

耳囗。

3938耳囗爵

耳奠。

3939耳奠爵

內耳。

3940內耳爵

耳髟。

3941耳髟爵（二期）

耳髟。

3942耳髟爵（二期）

耳竹。

3943耳竹爵（三、四期）

耳竹。

3944耳竹爵（三、四期）

耴竹。

3945耴竹爵（三、四期）

耴竹。

3946耴竹爵

𠃊竹。

3947𠃊竹爵

司竹。

3948司竹爵

血口。

3949血口爵（二期）

木𡔈。

3950木𡔈爵（三、四期）

酉凸。

3951酉凸爵

酉凸。

3952酉凸爵

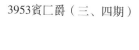

賓匚。

3953賓匚爵（三、四期）

◇▆。

3954◇▆爵（三、四期）

甗奄。

3955甗奄爵（四期）

□祖。

3956□祖爵（四期）

寑出。

3957寑出爵（二期）

寑玄。

3958寑玄爵

寑印。

3959寑印爵（二期）

寑印。

3960寑印爵（二期）

寑印。

3961寑印爵（二期）

寑印。

3962寑印爵（二期）

辰□。

3963辰□爵

□王。

3964□王爵

卷□。

3965卷□爵（四期）

豕乙。

3966豕乙爵（四期）

息己。

3967息己爵（三期）

息庚。

3968息庚爵（四期）

息辛。

3969息辛爵（三期）

息辛。

3970息辛爵（三期）

榮門。

3971榮門爵（四期）

家肇。

3972家肇爵（四期）

兴又。

3973兴又爵（四期）

皿𠭥。

3974皿𠭥爵（三、四期）

䖵因。

3975䖵因爵（三期）

辛。

3976辛爵（四期）

叀。

3977叀爵（四期）

◇大中。

3978◇大中爵（四期）

卷祖乙。

3979卷祖乙爵

祖乙。

3980祖乙爵

犬祖乙。

3981犬祖乙爵

犬祖丙。

3982犬祖丙爵

犬父乙。

3983犬父乙爵

犬父乙。

3984犬父乙爵

犬父丁。

3985犬父丁爵

犬父丁。

3986犬父丁爵（二、三期）

冄父丁。

3987冄父丁爵

冄父戊。

3988冄父戊爵（三、四期）

冄父戊。

3989冄父戊爵（三、四期）

冄父己。

3990冄父己爵

冄父己。

3991冄父己爵

冄父己。

3992冄父己爵（四期）

帚父辛。

3993帚父辛爵

帚父癸。

3994帚父癸爵（三、四期）

帚父癸。

3995帚父癸爵（三、四期）

帚父癸。

3996帚父癸爵

帚父癸。

3997帚父癸爵（二、三期）

帚父癸。

3998帚父癸爵

魚夫麋。

3999魚夫麋爵

矢祖乙。

4000矢祖乙爵

矢祖乙。

4001矢祖乙爵

矢祖己。

4002矢祖己爵

矢祖癸。

4003矢祖癸爵

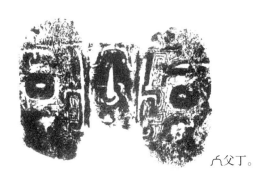

矢父丁。

4004矢父丁爵（三、四期）

凡父己。

4005凡父己爵

凡父辛。

4006凡父辛爵

凡父癸。

4007凡父癸爵

□祖乙。

4008□祖乙爵

冂祖丙。

4009冂祖丙爵（三、四期）

冂父癸。

4010冂父癸爵

車祖丁。

4011車祖丁爵

車父甲。

4012車父甲爵

車父丁。

4013車父丁爵

亞父乙。

4014亞父乙爵（四期）

亞父辛。

4015亞父辛爵

祖丁。

4016祖丁爵

　　叜祖丁。

4017叜祖丁爵

　　叜父乙。

4018叜父乙爵

　　戈祖戊。

4019戈祖戊爵（三、四期）

　　戈祖辛。

4020戈祖辛爵（三、四期）

　　戈父乙。

4021戈父乙爵

　　戈父乙。

4022戈父乙爵（三、四期）

戈父乙。

4023戈父乙爵（三、四期）

戈父乙。

4024戈父乙爵（三、四期）

戈父乙。

4025戈父乙爵（三、四期）

戈父丁。

4026戈父丁爵（三、四期）

戈父己。

4027戈父己爵

戈父己。

4028戈父己爵

戈父己。

4029戈父己爵（三、四期）

戈父辛。

4030戈父辛爵（四期）

戈父癸。

4031戈父癸爵（四期）

戈父癸。

4032戈父癸爵（四期）

戈母乙。

4033戈母乙爵（三、四期）

我父丁。

4034我父丁爵

奴父己。

4035奴父己爵（四期）

襄祖己。

4036襄祖己爵

襄祖己。

4037襄祖己爵

襄父辛。

4038襄父辛爵

襄父癸。

4039襄父癸爵（三、四期）

凵田祖庚。

4040凵田祖庚爵

子祖辛。

4041子祖辛爵

子父丁。

4042子父丁爵

子父丁。

4043子父丁爵（四期）

子父己。

4044子父己爵

子父庚。

4045子父庚爵（四期）

子父辛。

4046子父辛爵（四期）

子父壬。

4047子父壬爵（四期）

子父癸。

4048子父癸爵（二、三期）

戎祖辛。

4049戎祖辛爵

戎父辛。

4050戎父辛爵（四期）

戎父辛。

4051戎父辛爵

皀祖辛。

4052皀祖辛爵

祖辛。

4053祖辛爵

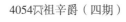祖辛。

4054祖辛爵（四期）

祖癸。

4055祖癸爵

父己。

4056父己爵（四期）

父辛。

4057父辛爵（四期）

父癸。

4058父癸爵

冃母己。

4059冃母己爵

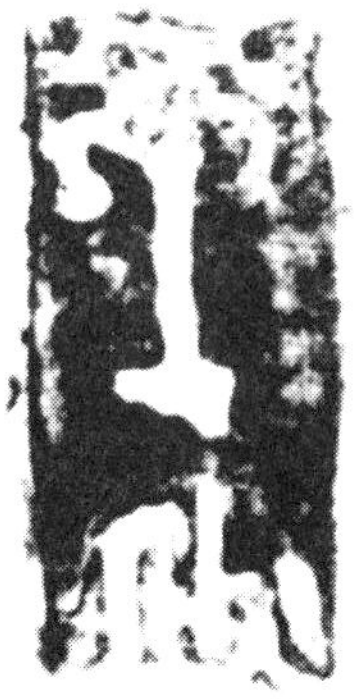

㕏父乙。

4060㕏父乙爵（三、四期）

㕏兄癸。

4061㕏兄癸爵

祖日壬。

4062祖日壬爵

山祖壬。

4063山祖壬爵

㚒祖癸。

4064㚒祖癸爵

戾祖癸。

4065戾祖癸爵

戾父乙。

4066戾父乙爵

戾父辛。

4067戾父辛爵

戾父癸。

4068戾父癸爵

ㄟ祖癸。

4069ㄟ祖癸爵

佣祖癸。

4070佣祖癸爵

佣祖癸。

4071佣祖癸爵

佣父辛。

4072佣父辛爵

佣父癸。

4073佣父癸爵

佣父乙。

4074佣父乙爵

鳥祖癸。

4075鳥祖癸爵（三、四期）

鳥父癸。

4076鳥父癸爵（四期）

鳥父癸。

4077鳥父癸爵（三、四期）

□祖癸。

4078□祖癸爵

田父甲。

4079田父甲爵（三、四期）

田辛。

4080田辛爵（三期）

串父甲。

4081串父甲爵

啓父甲。

4082啓父甲爵

啓父甲。

4083啓父甲爵

天父乙。

4084天父乙爵

天父辛。

4085天父辛爵

天父癸。

4086天父癸爵

令父乙。

4087令父乙爵（三、四期）

失父乙。

4088失父乙爵

父乙。

4089父乙爵

父乙。

4090父乙爵

父乙。

4091父乙爵

虎父乙。

4092虎父乙爵

父乙。

4093父乙爵

雋父乙。

4094雋父乙爵

雋父乙。

4095雋父乙爵

魚父乙。

4096魚父乙爵（二、三期）

魚父乙。

4097魚父乙爵

魚父乙。

4098魚父乙爵

魚父丙。

4099魚父丙爵（四期）

魚父丁。

4100魚父丁爵

魚父囗。

4101魚父囗爵（三、四期）

中父乙。

4102中父乙爵

酉父乙。

4103酉父乙爵

弜父乙。

4104弜父乙爵（四期）

冥父乙。

4105冥父乙爵

束父乙。

4106束父乙爵（四期）

□父乙。

4107□父乙爵

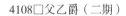

□父乙。

4108□父乙爵（二期）

宁父乙。

4109宁父乙爵（四期）

父丙。

4110父丙爵

父辛。

4111父辛爵

父乙。

4112父乙爵

鼎父乙。

4113鼎父乙爵

珥父丙。

4114珥父丙爵

卩父丁。

4115卩父丁爵

以父丁。

4116以父丁爵（四期）

夲旅父己。

4117夲旅父己爵

夲旅父己。

4118夲旅父己爵

卒旅父癸。

4119卒旅父癸爵

史父乙。

4120史父乙爵（四期）

史父乙。

4121史父乙爵（四期）

史父丁。

4122史父丁爵

史父丁。

4123史父丁爵（四期）

史父辛。

4124史父辛爵（三期）

蠱父丁。

4125蠱父丁爵

弔父丁。

4126弔父丁爵

父□。

4127 父□爵

剢父丁。

4128剢父丁爵（四期）

剢父己。

4129剢父己爵（四期）

戔父丁。

4130戔父丁爵（四期）

束父丁。

4131束父丁爵（三、四期）

皿父丁。

4132皿父丁爵

皿父丁。

4133皿父丁爵

皿父辛。

4134皿父辛爵

木父丁。

4135木父丁爵（四期）

木父辛。

4136木父辛爵

宋父辛。

4137宋父辛爵

父丁。

4138父丁爵

酋父丁。

4139酋父丁爵（四期）

父丁。

4140父丁爵

曲父丁。

4141曲父丁爵（二期）

爻父丁。

4142爻父丁爵

父丁彝。

4143父丁彝爵

□父丁。

4144□父丁爵

舟父丁。

4145舟父丁爵（三、四期）

舟父癸。

4146舟父癸爵

燕父戊。

4147燕父戊爵

燕父己。

4148燕父己爵（三、四期）

萇父庚。

4149萇父庚爵（四期）

萇父辛。

4150萇父辛爵

萇父癸。

4151萇父癸爵（四期）

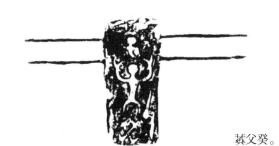

萇父癸。

4152萇父癸爵（三、四期）

萇父癸。

4153萇父癸爵（四期）

萇父癸。

4154萇父癸爵（二、三期）

興父丁。

4155興父丁爵（四期）

興父己。

4156興父己爵

旗父己。

4157旗父己爵（三、四期）

黿父戊。

4158黿父戊角（三、四期）

黿父癸。

4159黿父癸爵

黿父□。

4160黿父□爵（四期）

屰父戊。

4161屰父戊爵（四期）

屰父辛。

4162屰父辛爵

爰父戊。

4163爰父戊爵（三期）

舌父戊。

4164舌父戊爵（四期）

舌父己。

4165舌父己爵（三、四期）

舌父己。

4166舌父己爵（二、三期）

才父戊。

4167才父戊爵（四期）

肰父己。

4168肰父己爵

父己。

4169父己爵

面父己。

4170面父己爵（四期）

面父己。

4171面父己爵

中父己。

4172中父己爵（二期）

聑父己。

4173聑父己爵

心父己。

4174心父己爵

舟父己。

4175舟父己爵

萬父己。

4176萬父己爵（三、四期）

萬父己。

4177萬父己爵

萬父己。

4178萬父己爵（四期）

萬父辛。

4179萬父辛爵

融父己。

4180融父己爵

覃父己。

4181覃父己爵（四期）

U父己。

4182U父己爵（四期）

卒父己。

4183卒父己爵

戉大父庚。

4184戉大父庚爵（四期）

戉犬父庚。

4185戉犬父庚爵

父庚。

4186殂父庚爵

囡父辛。

4187囡父辛爵（四期）

光父辛。

4188光父辛爵（二期）

光父辛。

4189光父辛爵（三期）

珝父辛。

4190珝父辛爵

斝父癸。

4191斝父癸爵

豕祖乙。

4192豕祖乙爵

豕父辛。

4193豕父辛爵

黽父辛。

4194黽父辛爵（四期）

鼄父辛。

4195鼄父辛爵

弔父辛。

4196弔父辛爵

爻父辛。

4197爻父辛爵

冨父辛。

4198冨父辛爵

冨父辛。

4199冨父辛爵（四期）

東父辛。

4200東父辛爵

冊父辛。

4201冊父辛爵

重父丙。

4202重父丙爵

人父癸。

4203人父癸爵

父癸。

4204父癸爵

盥父癸。

4205盥父癸爵

徙父癸。

4206徙父癸爵

隻父癸。

4207隻父癸爵（二期）

雏父癸。

4208雏父癸爵（三、四期）

矢父癸。

4209矢父癸爵

矢父癸。

4210矢父癸爵

知祖丙。

4211知祖丙爵

知祖丙。

4212知祖丙爵

知祖丙。

4213知祖丙爵（二、三期）

賊父癸。

4214賊父癸爵（二、三期）

乇父癸。

土父癸。

4215乇父癸爵

4216土父癸爵

亯父癸。

丰父癸。

4217亯父癸爵（四期）

4218丰父癸爵

父癸。

父癸。

4219父癸爵

4220父癸爵（四期）

■父癸。

4221■父癸爵（三、四期）

玄父癸。

4222玄父癸爵

冝父癸。

4223冝父癸爵（四期）

父癸□。

4224父癸□爵

□父□。

4225□父□爵

剌妣乙。

4226剌妣乙爵

剌父癸。

4227剌父癸爵（四期）

竝妣乙。

4228竝妣乙爵

主妣丙。

4229主妣丙爵（四期）

曾父乙。

4230曾父乙爵

麕父丁。

4231麕父丁爵（四期）

伐父丁。

4232伐父丁爵（三期）

又父辛。

4233又父辛爵（四期）

窃父癸。

4234窃父癸爵（四期）

息父□。

4235息父□爵（三期）

息父己。

4236息父己爵（四期）

司婼。

4237司婼爵（二期）

司婼。

4238司婼爵（二期）

司媎。

4239司媎爵（二期）

司媎。

4240司媎爵（二期）

司媎。

4241司媎爵（二期）

司媎。

4242司媎爵（二期）

司媎。

4243司媎爵（二期）

司媎。

4244司媎爵（二期）

司媜。

4245司媜爵（二期）

齊嫊□。

4246齊嫊□爵（四期）

齊嫊□。

4247齊嫊□爵（四期）

□子妥。

4248□子妥爵

子♠母。

4249子♠母爵（二期）

子♠母。

4250子♠母爵（二期）

子母。

4251子♠母爵（二期）

子♠母。

4252子♠母爵（二期）

子▲單。

4253子▲單爵（二、三期）

子▲單。

4254子▲單爵

目子▲。

4255目子▲爵（三期）

子▲萬。

4256子▲萬爵

子▲萬。

4257子▲萬爵（三、四期）

子▲卯。

4258子▲卯爵（三、四期）

子飞爱。

4259子飞爱爵

凵公保。

4260凵公保爵（三期）

凵公保。

4261凵公保爵（三期）

蕺亞⊕。

4262蕺亞⊕爵

萬亞𝄞。

4263萬亞𝄞爵

萬亞𝄞。

4264萬亞𝄞爵

萬亞𝄞。

4265萬亞𝄞爵

亞父𝄞。

4266亞父𝄞爵（三、四期）

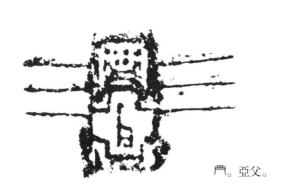

門。亞父。

4267門亞父爵

亞裏𝄞。

4268亞裏𝄞爵

亞母方。

4269亞母方爵

亞乙羌。

4270亞乙羌爵（三、四期）

亞冊舟。

4271亞冊舟爵

亞夨猷。

4272亞夨猷爵（四期）

亞舟。

4273亞舟爵

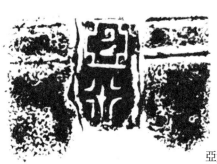

亞亘衕。

4274亞亘衕爵（四期）

亞萱術。

4275亞萱術爵（四期）

亞干示。

4276亞干示爵（三、四期）

亞𠃉𠂤。

4277亞𠃉𠂤爵（三、四期）

䰙亞盾（亞戎）。

4278䰙亞盾爵（二、三期）

舌亞告。

4279舌亞告爵（三、四期）

亞宦乩。

4280亞宦乩爵（四期）

亞夫畏。

4281亞夫畏爵（四期）

羊乙。

4282羊乙爵（二、三期）

脊日乙。

4283脊日乙爵

丁冊。

4284丁冊爵

罕何戊。

4285罕何戊爵

羊己妊。

4286羊己妊爵（四期）

鄉宁辛。

4287鄉宁辛爵

秉盾辛。

4288秉盾辛爵（三、四期）

㗊𠦪辛。

4289㗊𠦪辛爵

𠦪日辛。

4290𠦪日辛爵（三期）

宁未口。

4291宁未口爵

宗𠫑妣。

4292宗𠫑妣爵

羊貝車。

4293羊貝車爵（三、四期）

未。

4294未爵

戈北單。

4295戈北單爵（二期）

戠北單。

4296戠北單爵

西單匿。

4297西單匿爵

西單。

4298西單爵（四期）

戈涉兹。

4299戈涉兹爵

夳皿父。

4300夳皿父爵（四期）

夳皿父。

4301夳皿父爵（四期）

旗。

4302旗爵（二期）

◇萄睾。

4303◇萄睾爵（三期）

目◇民。

4304目◇民爵（三期）

◇⌂父戊。

4305◇⌂父戊爵（四期）

唐子祖乙。

4306唐子祖乙爵

唐子祖乙。

4307唐子祖乙爵

唐子祖乙。

4308唐子祖乙爵

弓蟲祖己。

4309弓蟲祖己爵（三、四期）

亞豕父甲。

4310亞豕父甲爵（三、四期）

亞僕父乙。

4311亞僕父乙爵（四期）

亞𤔲父乙。

4312亞𤔲父乙爵

亞𤔲父乙。

4313亞𤔲父乙爵（四期）

亞聿父乙。

4314亞聿父乙爵（四期）

亞□父乙。

4315亞□父乙爵

大曹父乙。

4316大曹父乙爵

大曹父癸。

4317大曹父癸爵

庚豕父乙。

4318庚豕父乙爵（四期）

犬山父乙。

4319犬山父乙爵

㲌犬父乙。

4320㲌犬父乙爵

秉盾父乙。

4321秉盾父乙爵

盾伻祖己。

4322盾伻祖己爵

盾伷父乙。

4323盾伷父乙爵

盾伷父癸。

4324盾伷父癸爵

盾單父己。

4325盾單父己爵

西單父丙。

4326西單父丙爵

亞魚父丁。

4327亞魚父丁爵（四期）

亞魚父丁。

4328亞魚父丁爵（四期）

亞覃父丁。

4329亞覃父丁爵（四期）

亞獏父丁。

4330亞獏父丁爵（四期）

亞址父己。

4331亞址父己爵

亞丞父己卜。

4332亞丞父己爵

亞畾父辛。

4333亞畾父辛爵

父丁兮建。

4334父丁兮建爵

己立父丁。

4335己立父丁爵（二、三期）

己立父丁。

4336己立父丁爵（二、三期）

己立父丁。

4337己立父丁爵（二、三期）

戈執父丁。

4338戈執父丁爵

𤔲冊父乙。

4339𤔲冊父乙爵（三、四期）

𤔲冊父丁。

4340𤔲冊父丁爵

困冊父丁。

4341困冊父丁爵

玉冊父丁。

4342玉冊父丁爵

玉冊父丁。

4343玉冊父丁爵

□冊父丁。

4344□冊父丁爵

叀庚父丁。

4345叀庚父丁爵（三、四期）

子萄父己。

4346子萄父己爵

辰蟲父己。

4347辰蟲父己爵

叐興父辛。

4348叐興父辛爵（三、四期）

子翌父乙。

4349子翌父乙爵

子翌父壬。

4350子翌父壬爵（三、四期）

子八父丁。

4351子八父丁爵（三、四期）

子𠃌父癸。

4352子𠃌父癸爵

子▲乙辛。

4353子▲乙辛爵

何疾父癸。

4354何疾父癸爵

何疾父癸。

4355何疾父癸爵（三、四期）

何疾父癸。

4356何疾父癸爵

北酉父癸。

4357北酉父癸爵

叟隽父癸。

4358叟隽父癸爵（四期）

辛▨父癸。

4359辛▨父癸爵

庚壴父癸。

4360庚壴父癸爵（四期）

耳髟婦▨。

4361耳髟婦▨爵（四期）

耳髟婦▨。

4362耳髟婦▨爵（四期）

▨作父癸。

4363▨作父癸爵

史嬰作爵。

4364史嬰爵（四期）

曾方施。

4365曾方施爵（四期）

爵聑倗祖丁。

4366爵聑倗祖丁爵

丩盾作父戊。

4367丩盾作父戊角（四期）

冂祖丁父乙。

4368冂祖丁父乙爵

囗木亞父丁。

4369亞父丁爵

亞向刊父戊。

4370亞向刊父戊爵

宁啓父戊。

4371宁啓父戊爵

子木父癸。

4372子木父癸爵

周巽天父乙。

4373周巽天父乙爵（三期）

鄉作祖壬彝。

4374鄉爵（四期）

子冊。翌父乙。

4375子冊父乙爵（四期）

貝唯賜，黿父乙。

4376黿父乙爵

貝唯賜，奄父乙。

4377奄父乙爵（四期）

子糸▲刀父己。

4378子糸▲刀父己爵（四期）

秉以父庚宗尊。

4379秉父庚爵

秉以父庚宗尊。

4380秉父庚爵

丏用作父乙彝。

4381丏爵（四期）

作父丁尊彝。蠱冊。

4382蠱冊父丁爵（四期）

耳衡父庚百七六八。

4383耳衡父庚爵

又犾父癸朕母。

4384又犾父癸爵（四期）

又犾父癸朕母。

4385又犾父癸爵（二、三期）

亞醜。者姒大子尊彝。

4386者姒爵（四期）

子𪊽在嘼，作文父乙彝。

4387子𪊽父乙爵（四期）

婦闖作文姑日癸尊彝。其。

4388婦闖角（四期）

1621

乙未，王賞姒瓦，在寢，用作尊彝。

4389姒瓦爵（四期）

辛卯，王賜寢魚貝，用作父丁彝。亞魚。

4390寢魚爵（四期）

角

亞。

4391亞角（四期）

亞。

4392亞角（三、四期）

亞。

4393亞角

亞。

4394亞角（三、四期）

史。

4395史角

史。

4396史角

亞奠。

4397亞奠角（三期）

亞奠。

4398亞奠角（三期）

亞址。

4399亞址角（三期）

亞址。

4400亞址角（三期）

亞址。

4401亞址角（三期）

亞址。

4402亞址角（三期）

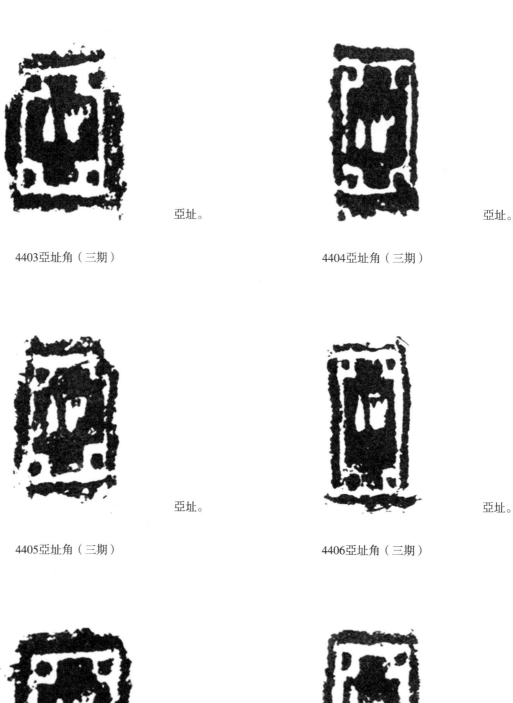

亞址。

4403亞址角（三期）

亞址。

4404亞址角（三期）

亞址。

4405亞址角（三期）

亞址。

4406亞址角（三期）

亞址。

4407亞址角（三期）

亞址。

4408亞址角（三期）

父己。

4409父己角（三、四期）

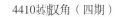

聑叔。

4410聑叔角（四期）

聑祖己。

4411聑祖己角（三、四期）

聑父乙。

4412聑父乙角

聑父乙。

4413聑父乙角

聑父乙。

4414聑父乙角（三、四期）

蕻父丁。

4415蕻父丁角

蕻父辛。

4416蕻父辛角（三、四期）

陸父甲。

4417陸父甲角（四期）

冊祖丁。

4418冊祖丁角（四期）

子父乙。

4419子父乙角

黿父乙。

4420黿父乙角（三、四期）

黿父乙。

4421黿父乙角（三、四期）

黿父庚。

4422黿父庚角（三、四期）

史父乙。

4423史父乙角

史子曰癸。

4424史子曰癸角

史子曰癸。

4425史子曰癸角

丩盾父戊。

4426丩盾父戊角（三、四期）

▲丁祖乙。

4427▲丁祖乙角（四期）

敢爻父乙。

4428敢爻父乙角（四期）

母嬋祖丁。

4429母嬋祖丁角（三、四期）

母嬋日辛。

4430母嬋日辛角

亞醜父丙。

4431亞醜父丙角（四期）

亞弜父丁。

4432亞弜父丁角

亞弜父丁。

4433亞弜父丁角

亞獏父丁。

4434亞獏父丁角（四期）

亞古父己。

4435亞古父己角（四期）

陸冊父乙。

4436陸冊父乙爵（四期）

雋冊父庚。

4437雋冊父庚角（三、四期）

耴髟婦𡥀。

4438耴髟婦𡥀角（四期）

亞_圅父丁叙。

4439亞_圅父丁角（四期）

冊弨作祖乙。亞戈。

4440冊弨祖乙角（三、四期）

婦_圅文姑尊彝。

4441婦_圅角（四期）

婦_圅作文姑日癸尊彝。燕。

4442婦_圅角（四期）

甲寅，子賜叛貝，用作父癸尊彝。黿。

4443叛作父癸角

丙申，王賜萄亞釐奚貝，在橐，用作父癸彝。

4444萄亞作父癸角（四期）

庚申，王在闌，王格，宰榬從。賜貝五朋，用作
父丁尊彝。在六月，唯王廿祀翌又五。隹冊。

4445宰榬角（四期）

斝

罷。

4446罷罪（二期）

齒。

4447齒罪

人。

4448人罪（二期）

失。

4449失罪

襄。

4450襄罪（二期）

兒。

4451兒罪

丮。

4452丮斝

奚。

4453奚斝（四期）

耳。

4454耳斝（中商）

匿。

4455匿斝（二期）

匿。

4456匿斝（二期）

何。

4457何斝

何。

4458何斝（四期）

立。

4460立斝

北。

4461北斝（二期）

鄉。

4462鄉斝（二期）

臣。

4463臣斝（二、三期）

畟。

4464畟罝（二期）

聿。

4465聿罝

史。

4466史罝

爰。

4467爰罝（三期）

爰。

4468爰罝（三期）

舆。

4469舆罝（二期）

興。

4470興斝（二期）

興。

4471興斝（二期）

正。

4472正斝（二期）

正。

4473正斝（二期）

躗。

4474躗斝（二期）

躗。

4475躗斝（二期）

徙。

4476徙罞（二期）

黿。

4477黿罞

鳥。

4478鳥罞

隽。

4479隽罞

㸚。

4480㸚罞（二、三期）

㸚。

4481㸚罞（二、三期）

　　　　　　　　　　　　　　　戈。

4482▨斝（二期）　　　　　　　　　　　　4483戈斝（四期）

　　　　　　　　　　　　　　　葡。

4484▢斝（二期）　　　　　　　　　　　　4485葡斝

4486▨斝（二、三期）　　　　　　　　　　4487▨斝（三期）

亯。

4488亯斝（二期）

冊。

4489冊斝（二期）

。

4490斝（二期）

◇。

4491◇斝（二期）

串。

4492串斝（四期）

。

4493斝

夨。

4494夨斝

4495斝（二期）

宰旅。

4496宰旅斝（二期）

戊。

4497戊斝（三期）

戊。

4498戊斝（三期）

癸。

4499癸斝

亞筆。

4500亞筆斝（二期）

亞夨。

4501亞夨斝（三期）

亞夨。

4502亞夨斝（二期）

亞夨。

4503亞夨斝（二期）

亞醜。

4504亞醜斝（三期）

亞獏。

4505亞獏斝（三、四期）

亞㻌。

4506亞㻌斝（二期）

亞𧴪。

4507亞𧴪斝

亞酉。

4508亞酉斝

亞母。

4509亞母斝（二期）

亞𣪘。

4510亞𣪘斝（二期）

亞址。

4511亞址斝（三期）

亞址。

4512亞址斝(三期)

亞長。

4513亞長斝（二期）

子鸞。

4514子鸞斝（二期）

子漁。

4515子漁斝（二期）

子媚。

4516子媚斝

子蝠。

4517子蝠斝（三、四期）

祖戊。

4518祖戊斝（四期）

祖己。

4519祖己斝

祖己。

4520祖己斝（三期）

父乙。

4521父乙斝

父己。

4522父己斝（三期）

父庚。

4523父庚斝

父辛。

4524父辛斝

父癸。

4525父癸斝

䕫大。

4526䕫大斝（四期）

䕫叔。

4527䕫叔斝（四期）

弔黽。

4528弔黽斝

亞乙。

4529亞乙斝

免周。

4530免周斝（二、三期）

□□。

4531□□斝（四期）

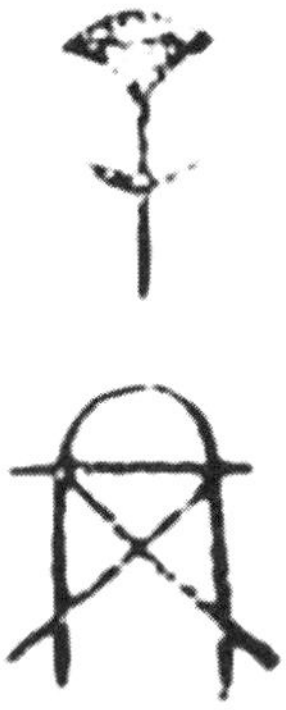

□辛。

4532□辛斝

戈庚。

4533戈庚斝

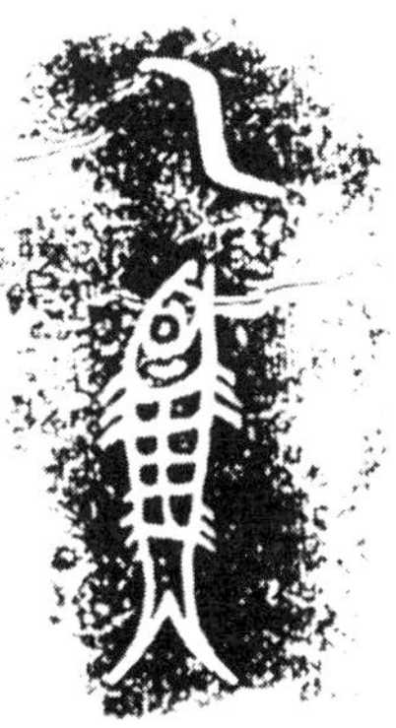

魚乙。

4534魚乙斝

酋乙。

4535酋乙斝

酉乙。

4536酉乙斝（二期）

酉乙。

4537酉乙斝

鄉宁。

4538鄉宁斝（二期）

宁荀。

4539宁荀斝（四期）

婦好。

4540婦好斝（二期）

婦好。

4541婦好斝（二期）

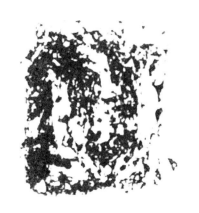

婦好。

4542婦好斝（二期）

婦好。

4543婦好斝（二期）

司嫜。

4544司嫜斝（二期）

司嫜。

4545司嫜斝（二期）

失。

4546失斝（四期）

買車。

4547買車斝（三、四期）

車㦻。

4548車㦻斝（二期）

西單。

4549西單斝（二期）

膚冊。

4550膚冊斝

睘冊。

4551睘冊斝

爻祖丁。

4552爻祖丁斝

鼎祖丁。

4553鼎祖丁斝

襄祖己。

4554襄祖己斝（四期）

豕父甲。

4555豕父甲斝

田父甲。

4556田父甲斝（四期）

姚田干。

4557姚田干斝（四期）

父乙。

4558父乙斝

父己。

4559父己斝

𠂤父辛。

4560 𠂤父辛斝

𠂤父辛。

4561 𠂤父辛斝

奄父乙。

4562 奄父乙斝（四期）

單父丁。

4563 單父丁斝（四期）

聿父戊。

4564 聿父戊斝（四期）

保父己。

4565 保父己斝

子父辛。

4566子父辛斝（二、三期）

蕺父癸。

4567蕺父癸斝

龏父癸。

4568龏父癸斝（四期）

冎父丁。

4569冎父丁斝（四期）

亞萱術。

4570亞萱術斝（四期）

亞寠址。

4571亞寠址斝（三期）

1655

亞褽址。

4572亞褽址斝（三期）

亞郲其。

4573亞郲其斝（四期）

亞㔷丮。

4574亞㔷丮斝（四期）

䣛其龞。

4575䣛其龞斝

亞弜父丁。

4576亞弜父丁斝

山ㄩ父辛。

4577山ㄩ父辛斝

何疾父癸。

4578何疾父癸觶

亞次驪。

4579亞次驪觶（三期）

史冊作彝。

4580史冊作彝觶

光作從彝。

4581光作從彝觶

亞禽示辛。

4582亞禽示辛觶（四期）

丩盾作父戊。

4583丩盾作父戊觶

婦闖作文姑日癸尊彝。莪。

4584婦闖罍

婦闖作文姑日癸尊彝。莪。

4585婦闖罍（四期）

癸巳，王賜小臣邑貝十朋，用作母癸尊彝。
唯王六祀肜日，在四月。亞吳。

4586小臣邑罍

觥

婦。

。

4587璽觥（二期）

4588婦觥（二期）

嬉。

叛。

4589嬉觥（二、三期）

4590叛觥蓋（四期）

幸旅。

亞若。

4591幸旅觥（二、三期）

4592亞若觥

亞長。

4593亞長觥（二期）

 雨。

4594 雨觥（二期）

。

4595 觥（二、三期）

▲賈。

4596▲賈觥（二、三期）

宁矢。

4597宁矢觥（四期）

婦好。

4598婦好觥（二期）

1661

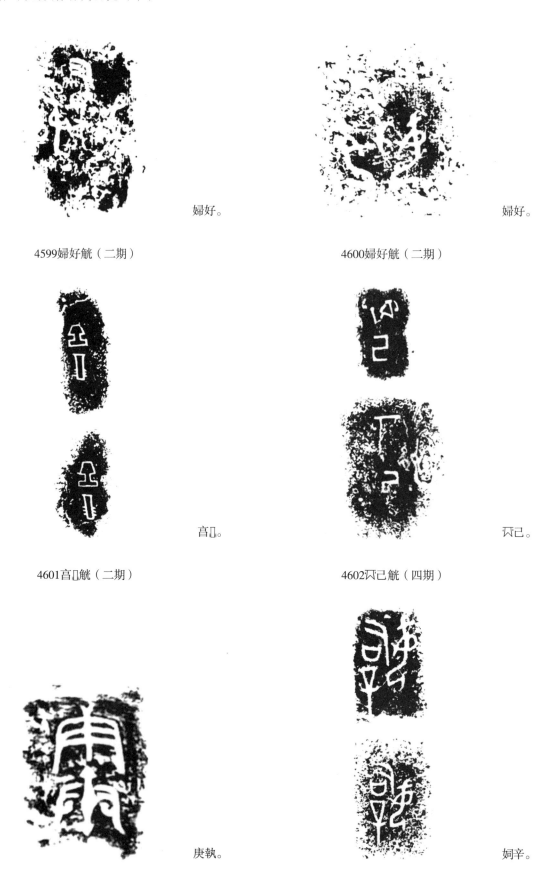

婦好。

4599婦好觥（二期）

婦好。

4600婦好觥（二期）

亯𠂤。

4601亯𠂤觥（二期）

㞢己。

4602㞢己觥（四期）

庚執。

4603庚執觥

姛辛。

4604姛辛觥（二期）

婦辛。

4605婦辛觥（二期）

甚父乙。

4606甚父乙觥（四期）

甚文父丁。

4608甚文父丁觥（商末周初）

甚父乙。

4607甚父乙觥

山父乙。

4609山父乙觥（商末周初）

豕父乙。

4610豕父乙觥（商末周初）

黿父癸。

4611黿父癸觥

冊茲夋。

4612冊茲夋觥（四期）

作母戊寶尊彝。

4613作母戊觥蓋（四期）

觥作母丙彝。亞址。

4614觥觥（四期）

亞醜。者姒大子尊彝。

4615者姒觥（商末周初）

亞醜。者姒大子尊彝。

4616者姒觥（商末周初）

蕆。丙寅，子賜□貝，用作文嬶己寶彝，在十月又三。

4617文嬶己觚（四期）

盃

夊。

4618夊盉（商末周初）

失。

4619失盉（三期）

失。

4620失盉（三期）

𣪘。

4621𣪘盉（商末周初）

黿。

4622黿盉（四期）

𠃌。

4623𠃌盉（商末周初）

矢。

4624矢盉（四期）

左。

4625左方盉（二期）

中。

4626中方盉（二期）

右。

4627右方盉（二期）

甲。

4628甲盉

4629盉

　　　　　　　　　　　　　　　　　　　　　　　仄。

4630仄盉

　　　　　　　　　　　　　　　　　　　　　　　亼。

4631亼盉（商末周初）

　　　　　　　　　　　　　爻。

4632爻盉（商末周初）

　　　　　　　　　　　　　敓。

4633敓盉（商末周初）

　　　　　　　　　　　　　史。

4634史盉（商末周初）

　　　　　　　　　　　　　亞醜。

4635亞醜盉

1669

亞醜。

4636亞醜盉（商末周初）

亞醜母。

4637亞醜母盉

亞醜父丁。

4638亞醜父丁盉（商末周初）

亞萱。

4639亞萱盉（四期）

亞址。

4640亞址盉（三期）

萁叔。

4641萁叔盉（四期）

𠨠。

4642𠨠盉（四期）

子蝠。

4643子蝠盉（四期）

婦好。

4644婦好盉（二期）

婦好。

4645婦好盉（二期）

婦好。

4646婦好盉（二期）

▲萬。

4647▲萬盉（四期）

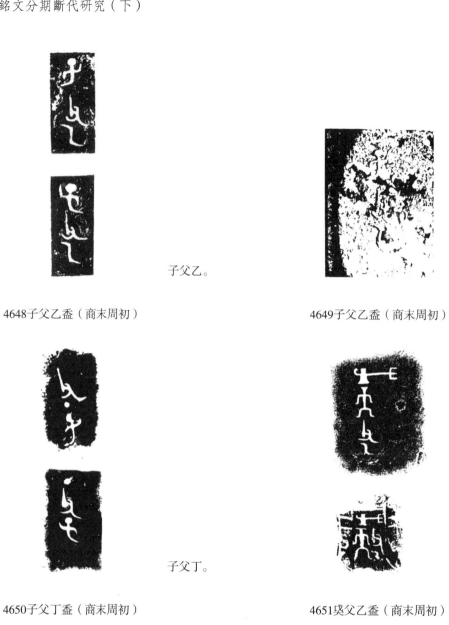

子父乙。

4648子父乙盉（商末周初）

子父乙。

4649子父乙盉（商末周初）

子父丁。

4650子父丁盉（商末周初）

戈父乙。

4651戈父乙盉（商末周初）

父乙。

4652父乙盉（商末周初）

武父乙。

4653武父乙盉（一期）

佣父丁。

4654佣父丁盉

合父丁。

4655合父丁盉

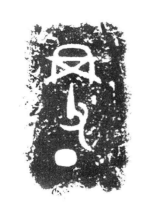

央父丁。

4656央父丁盉（商末周初）

央父癸。

4657央父癸盉（商末周初）

黿父戊。

4658黿父戊盉

黿父癸。

4659黿父癸盉

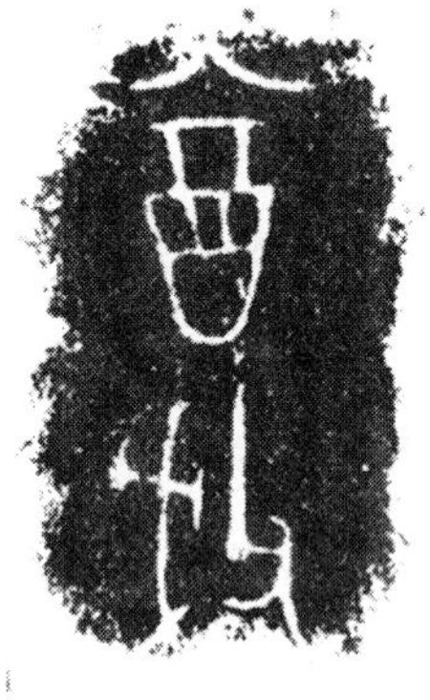

酓父戊。

4660酓父戊盉

酓父戊。

4661酓父戊盉

𢦏父癸。

4662𢦏父癸盉（商末周初）

𠘧父癸。

4663𠘧父癸盉（商末周初）

亞獏父丁。

4664亞獏父丁盉（商末周初）

亞得父丁。

4665亞得父丁盉

亞古父己。

4666亞古父己盉

亞𤔲父辛。

4667亞𤔲父辛盉

屮盾父乙。

4668屮盾父乙盉（四期）

萄參父乙。

4669萄參父乙盉（商末周初）

冢冊父丁。

4670冢冊父丁盉（商末周初）

子◇🝔父甲。

4671子◇🝔父甲盉

北單戈父丁。

4672北單戈父丁盉

亞鳥宁从父丁。

4673亞鳥父丁盉（商末周初）

亞羍作仲子辛彝。

4674亞羍盉（三期）

奉禽夷方雍伯夗首毛，用作父乙尊彝。史。

4675奉盉（四期）

壹

失。

4676失壺（三期）

先。

4677先壺

嬰。

4678嬰壺

嬰。

4679嬰壺（三期）

罤。

4680罤壺

罤。

4681罤壺（三期）

弃。

4682弃壺（三期）

興。

4683興壺（二期）

興。

4684興壺（二期）

𥎵。

4685𥎵壺

弔。

4686弔壺

。

4687壺（二期）

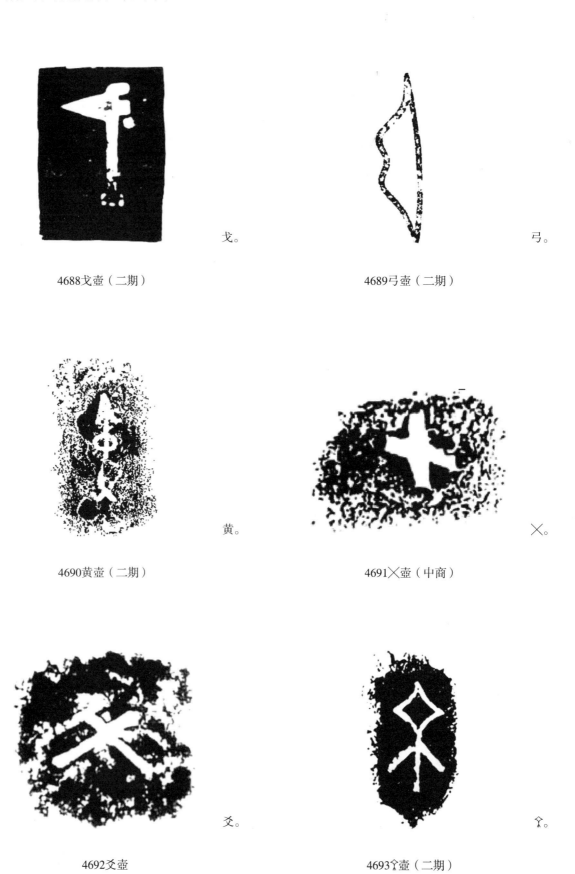

戈。

4688戈壺（二期）

弓。

4689弓壺（二期）

黃。

4690黃壺（二期）

╳。

4691╳壺（中商）

夊。

4692夊壺

4693夲壺（二期）

旅。

4694旅壺（二期）

鳥丁。

4695鳥丁壺（二、三期）

亞倗。

4696亞倗壺

亞弜。

4697亞弜壺

鄉宁。

4698鄉宁壺（二、三期）

鄉宁。

4699鄉宁壺（二、三期）

子龍。

4700子龍壺

婦好。

4701婦好壺（二期）

婦好。

4702婦好壺（二期）

婦好正。

4703婦好正壺（二、三期）

心守。

4704心守壺（二、三期）

天犬。

4705天犬壺

史放。

4706史放壺

盟商。

4707盟商壺

父己。

4708父己壺（四期）

萄失。

4709萄失壺（二、三期）

司娉。

4710司娉壺（二期）

司娉。

4711司娉壺（二期）

禸父辛。

4712禸父辛壺

蓺兄辛。

4713蓺兄辛壺

北單戈。

4714北單戈壺（二、三期）

史子𠬝。

4715史子𠬝壺（二、三期）

吅父丁。

4716吅父丁壺

亞羌作父彝。

4717亞羌壺（四期）

亞。矢屮望父乙。

𰀀。尸作父己尊彝。

4718亞矢父乙壺

4719尸作父己壺

沃作父乙尊彝。虣冊。

4720沃父乙壺

矗

立。

4721立罍

㚄。

4722㚄罍（四期）

妙。

4723妙罍（三、四期）

何。

4724何罍（三期）

╰。

4725╰罍

得。

4726得罍

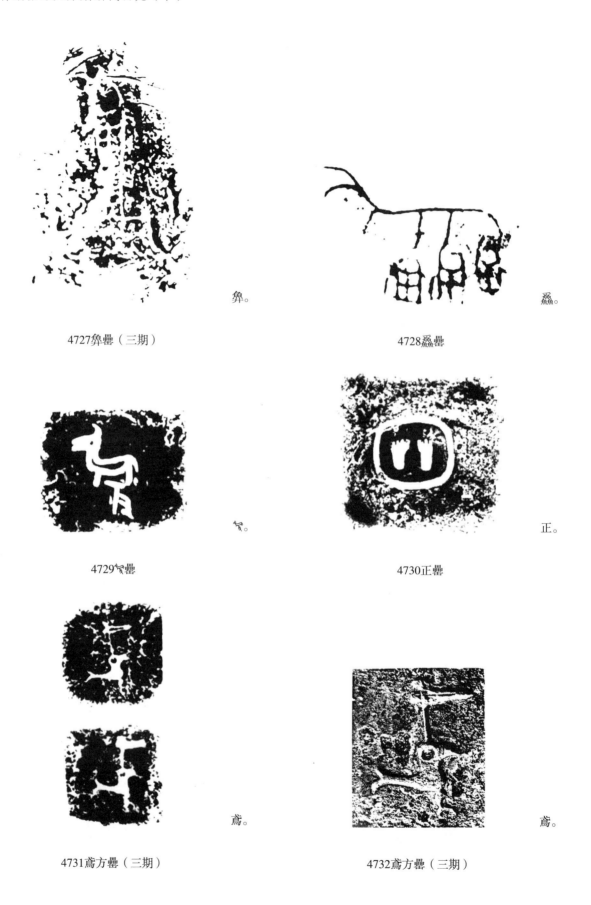

鼻。

4727鼻罍（三期）

灥。

4728灥罍

𠂤。

4729𠂤罍

正。

4730正罍

鳶。

4731鳶方罍（三期）

鳶。

4732鳶方罍（三期）

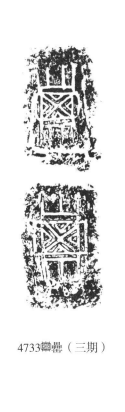

囧。

4733囧罍（三期）

4734囧罍（三期）

鴞。

4735鴞罍（二期）

賈。

4736賈罍

亯。

4737亯罍

戈。

4738戈罍

戈。

4739戈罍

戈。

4740戈罍

武。

4741武方罍（二期）

。

4742罍

爰。

4743爰罍（三期）

融。

4744融罍（三期）

兩。

4745兩罍（三、四期）

穀。

4746穀罍（二期）

亞矣。

4747亞矣罍（二期）

亞矣。

4748亞矣方罍（二期）

亞醜。

4749亞醜罍（商末周初）

亞醜。

4750亞醜罍（四期）

亞飤。

4751亞飤方罍（商末周初）

亞飤。

4752亞飤罍（四期）

亞飤。

4753亞飤罍（四期）

亞旁。

4754亞旁罍（三期）

亞止。

4755亞止方罍（商末周初）

亞址。

4756亞址罍（三期）

亞弔。

亞伐。

4757亞伐方罍（二期）

4758亞弔方罍（四期）

𦫶戲。

4759𦫶戲罍（四期）

登屰。

4760登屰方罍（商末周初）

又羖。

4761又羖方罍（二期）

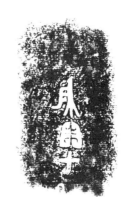

晝甲。

4762晝甲罍（三、四期）

致▲。

4763致▲罍（二期）

盾得。

4764盾得方罍（三期）

車\<img\>。

4765車\<img\>罍

日癸。

4766日癸罍（三、四期）

婦好。

4767婦好方罍（二期）

婦好。

4768婦好方罍（二期）

婦姦。

4769婦姦罍（二期）

鼓母。

4770鼓母罍（商末周初）

子媚。

4771子媚罍（三期）

子媚。

4772子媚罍（三期）

田父甲。

4773田父甲罍

𠫓父乙。

4774𠫓父乙罍

父己。

4775父己方罍（商末周初）

山父己。

4776山父己罍（三期）

止双。

4777止双罍

矞見冊。

4778矞見冊罍

冊言。

4779冊言罍（四期）

亞褱孤竹。

4780亞褱孤竹方罍（商末周初）

父丁，孤竹，亞髟。

4781孤竹父丁罍（商末周初）

亞吳鸂婦。

4782亞吳鸂婦方罍（三期）

驕父乙。

4783驕父乙罍

驕父丁。

4784驕父丁罍（三期）

子天父丁。

4785子天父丁罍

川子父丁。

4786川子父丁罍

嶽，祖辛禹，𤕟。

4787嶽祖辛方罍（商末周初）

癹，亞高父丁。

4788亞高父丁罍

朋五爭父庚。

4789朋父庚方罍（商末周初）

亞酰诸姒大子尊彝。

4790诸姒方罍（商末周初）

亞酰诸姒大子尊彝。

4791诸姒罍

婦閟作文姑日癸尊彝。嶽。

4792婦閟罍 蓋

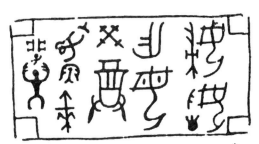

亞。婦妊作母癸尊彝。丮。英。

4793婦妊罍（四期）

王由攸田劦，劦作父丁尊。濼。

4794劦作父丁罍（商末周初）

乃孙智作祖甲罍，其邐於弗述（墜）寶，其作彝。

4795智作祖甲罍（商末周初）

方　彝

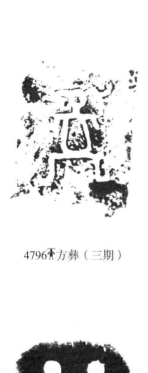

4796羍方彝（三期）

4797方彝

立。

4798立方彝（二期）

又。

4799又方彝（三期）

聿。

4800聿方彝（四期）

史。

4801史方彝（二期）

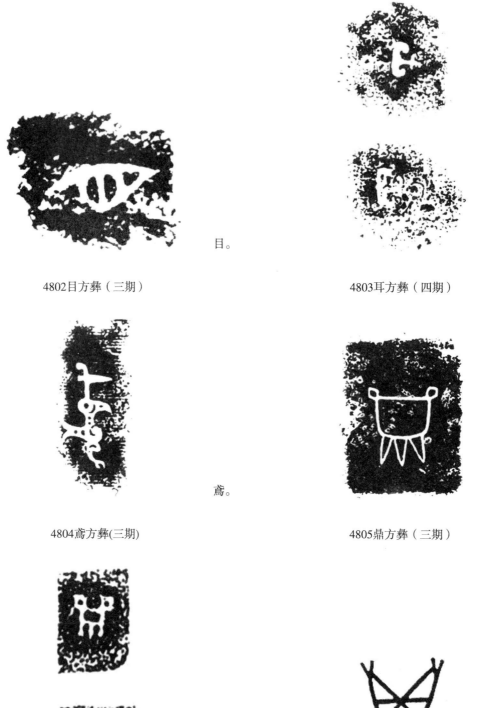

目。

4802目方彝（三期）

耳。

4803耳方彝（四期）

鳶。

4804鳶方彝(三期)

鼎。

4805鼎方彝（三期）

鼎。

4806鼎方彝（二期）

鼎。

4807鼎方彝（三期）

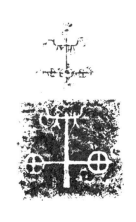

車。

4808車方彝（三期）

栩。

4809栩方彝

戈。

4810戈方彝

戈。

4811戈方彝（四期）

。

4812方彝（四期）

夆。

4813夆方彝（二期）

旝。

4814旝方彝（三期）

旚。

4815旚方彝（二期）

爰。

4816爰方彝（三期）

冎。

4817冎方彝（二期）

亞矣。

4818亞矣方彝（四期）

亞矣。

4819亞矣方彝（二期）

亞舟。

4820亞舟方彝（二期）

亞啓。

4821亞啓方彝（二期）

亞。

4822亞方彝（四期）

亞。

4823亞方彝（四期）

亞。

4824亞方彝（四期）

亞豕。

4825亞豕方彝（二期）

亞羲。

4826亞羲方彝（四期）

亞又。

4827亞又方彝（三期）

亞屰。

4828亞屰方彝（二期）

亞長。

4829亞長方彝（二期）

4830方彝（四期）

鄉宁。

4831鄉宁方彝（二期）

鄉宁。

4832鄉宁方彝（二期）

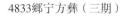

鄉宁。

4833鄉宁方彝（三期）

角丙。

4834角丙方彝

婦好。

4835婦好方彝（二期）

婦好。

4836婦好偶方彝（二期）

婦好。

4837婦好方彝（二期）

婦好。

4838婦好方彝（二期）

子蝠。

4839子蝠方彝（四期）

子豕。

4840子豕方彝（二期）

㠯何。

4841㠯何方彝（三期）

蠱冊。

4842蠱冊方彝（三、四期）

𤕟父庚。

4843𤕟父庚方彝（四期）

北單戈。

4844北單戈方彝（二期）

末。

4845末方彝（二、三期）

亞宮乩。

4846亞宮乩方彝（四期）

聑日父乙。

4847聑日父乙方彝（四期）

驕父丁。

4848驕父丁方彝

母婦。

4849母婦方彝（四期）

母嬋日辛。

4850母嬋日辛方彝（四期）

𠁁癸。𠁁乙。

4851𠁁癸𠁁乙方彝（三期）

王屮女叙。

4852王屮女叙方彝（四期）

嬰冊作祖癸彝。

4853嬰冊祖癸方彝

竹壺父戊告侃。

4854竹壺父戊方彝（四期）

竹壺父戊告侃。

4855竹壺父戊方彝（四期）

亞，受丁、旅乙、
若癸、白乙。

4856亞若癸方彝（四期）

亞，受丁、旅乙、
若癸、白乙。

4857亞若癸方彝（四期）

己酉，戍鈴尊宜于召康廏，靠九律，
靠賞貝十朋、丏祉，用臺丁宗彝。
在九月，唯王十祀旾日五。唯來束。

4858戍鈴方彝（四期）

勺

子。

4859子勺

配。

4860配勺（三、四期）

又。

4861又勺

鳶。

4862鳶勺（三、四期）

襄。

4863襄勺

𥤢。

4864𥤢勺

囗囗。

4865囗囗勺（三、四期）

畫。

4866畫勺

爻。

4867爻勺（二、三期）

此。

4868此勺（三、四期）

亞屰。

4869亞屰勺（二、三期）

亞舟。

4870亞舟勺（四期）

亞臭。

4871亞臭勺（二期）

亞長。

4872亞長勺（二期）

聑曰。

4873聑曰勺（三、四期）

子龏。

4874子龏勺

婦好。

4875婦好勺（二期）

婦好。

4876婦好勺（二期）

婦好。

4877婦好勺（二期）

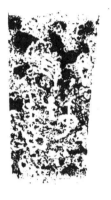

婦好。

4878婦好勺（二期）

婦好。

4879婦好勺（二期）

婦好。

4880婦好勺（二期）

婦好。

4881婦好勺（二期）

婦好。

4882婦好勺（二期）

子天△單。

4883子天△單勺（三、四期）

⿰⿱⿰。

4884⿰勺（三、四期）

瓿

4885 🔲瓶（二期）

4886 🔲瓶（三期）

侯。

車。

4887 侯瓶（二期）

4888 車瓶

戈。

4889 🔲瓶（二期）

4890 戈瓶（二期）

㢑。

4891㢑瓿（二期）

亞吴。

4892亞吴瓿（二期）

印興。

4893印興瓿

戈[illegible]。

4894戈[illegible]瓿（二期）

弔龜。

4895弔龜瓿（三、四期）

婦好。

4896婦好瓿（二期）

婦好。

4897婦好瓿（二期）

㠱癸。

4898㠱癸瓿

又羧。

4899又羧瓿（二期）

亞👤（？）矞。

4900亞👤矞瓿（二、三期）

亞車邑。

4901亞車邑瓿

丩盾父戊。

4902丩盾父戊瓿（三期）

盤

車。

4903車盤

⊗。

4904⊗盤（三、四期）

束。

4905束盤

萄。

4906萄盤

鬮。

4907鬮盤

丩。

4908丩盤（三、四期）

冚。

4909冚盤

舟。

4910舟盤（三、四期）

夆旅。

4911夆旅盤（二期）

宙。

4912宙盤（二期）

此。

4913此盤（二期）

史。

4914史盤（四期）

戈。

4915戈盤（三、四期）

亞夨。

4916亞夨盤

亞夨。

4917亞夨盤（三、四期）

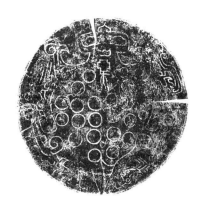

亞夨。

4918亞夨盤（二期）

亞址。

4919亞址盤（三期）

亞夫。

4920亞夫盤（二期）

亞卲。

4921亞卲盤（四期）

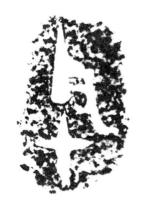

父甲。

4922父甲盤（三、四期）

食丁。

4923食丁盤（三、四期）

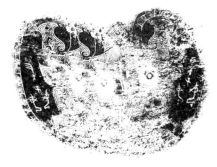

婦好。

4924婦好盤（二期）

寢妣。

4925寢妣盤（二期）

寢鼓。

4926寢鼓盤（二期）

爻。

4927爻盤（二期）

俞舌。

4928俞舌盤

佣父乙。

4929佣父乙盤

黿父乙。

4930黿父乙盤（二期）

弔父丁。

4931弔父丁盤

父戊。

4932父戊盤（三、四期）

鳥父辛。

4933鳥父辛盤

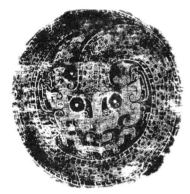

蠱冊弨。

4934蠱冊弨盤

北單戈。

4935北單戈盤（二期）

豆冊父丁。

4936豆冊父丁盤（四期）

雜　器

 亞夨。

4937 罐（四期）

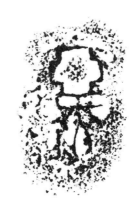

4938亞夨罐

婦好。

4939婦好罐（二期）

4940 鍑（二期）

宁□。

4941宁□鍑(二期)

戈。

4942戈盂

罟。

4943罟簋（三期）

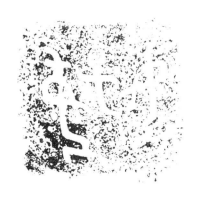

好。

4944好盂（二期）

苟。

4945苟盂

亞長。

4946亞長盂（二期）

寢小室盂。

4947寢小室盂（二期）

射婦桑。

4948射婦桑方形器（二期）

婤辛。

4949婤辛方形器（二期）

史。

4950史簋（二期）

尹。

4951尹簋（三期）

颪。

4952颪簋（二期）

亞吳。

4953亞吳簋

婦好。

4954婦好簋（二期）

蠹冊斨。

4955蠹冊斨箕

子▲單。

4956子▲單箕

⚇。

4957⚇器蓋（三期）

司嬶。

4958司嬶器蓋（二期）

王作姒弄。

4959王作姒弄器蓋（四期）

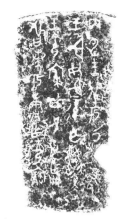

丙申，王迭于洹，獲。王一射，奴射三，率
無　廢矢。王命寢馗既于作冊般，曰：奏于
虇，作母寶。

4960作冊般黿（四期）

卒旅。

4961卒旅器

嬬。

4962嬬器

妥。

4963妥器

弔。

4964弔器

豕。

4965豕器

羊。

4966羊器

鼻。

4967鼻簋（三期）

龍。

4968龍器

旗。

4969旗器

伐。

4970伐器

戈。

4971戈器

栩。

4972栩器

4973 器

4974 ↑器

4975 霝器

4976 籃（二期）

4977 器

4978 器

舭。

4979舭器

戎。

4980戎器

臯。

4981臯器

臯。

4982臯器

亞醜。

4983亞醜器

亞弜。

4984亞弜器

亞戈。

4985亞戈器

父辛。

4986父辛器

父辛。

4987父辛器

鄉宁。

4988鄉宁器

鄉宁。

4989鄉宁器

失鼎。

4990失鼎器

叉宄。

4991叉宄器

叉宄。

4992叉宄器

珥罟。

4993珥罟器

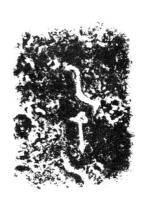

戈乙。

4994戈乙器

子𣎴。

4995子𣎴器

子婁。

4996子婁器

子蟲。

4997子蟲器

黿父乙。

4998黿父乙器

壹父乙。

4999壹父乙器

子父丁。

5000子父丁器

父丁。

5001父丁器

蕺父丁。

5002蕺父丁器

亞父辛。

5003亞父辛器

家父辛。

5004家父辛器

□父辛。

5005□父辛器

冊亯ﾇ。

5006冊亯ﾇ器

戈亯父乙。

5007戈亯父乙器

亞禽父丁。

5008亞禽父丁器

母康丁⊠。

5009母康丁器

汝母作婦己彝。

5010汝母作婦己彝器

作父戊彝。亞正冊。

5011作父戊器

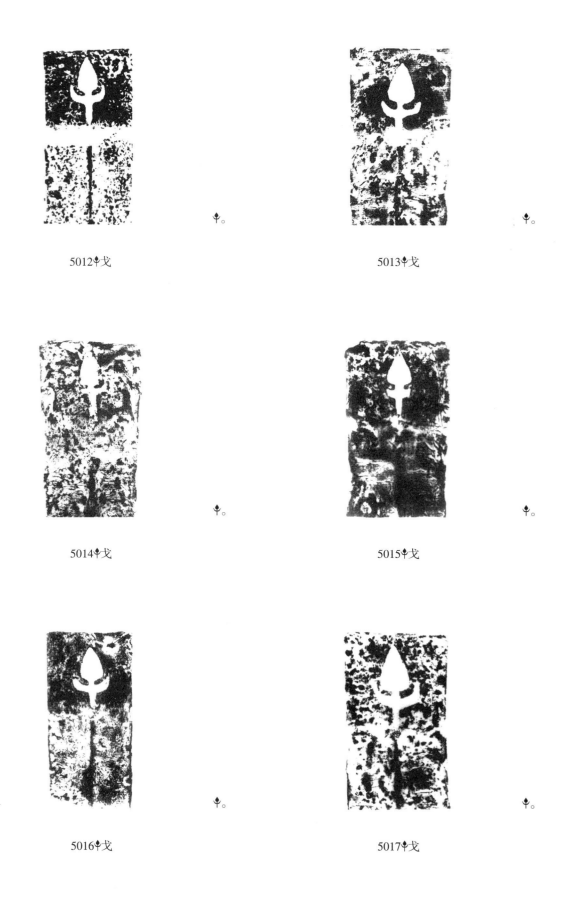

5012 戈

5013 戈

5014 戈

5015 戈

5016 戈

5017 戈

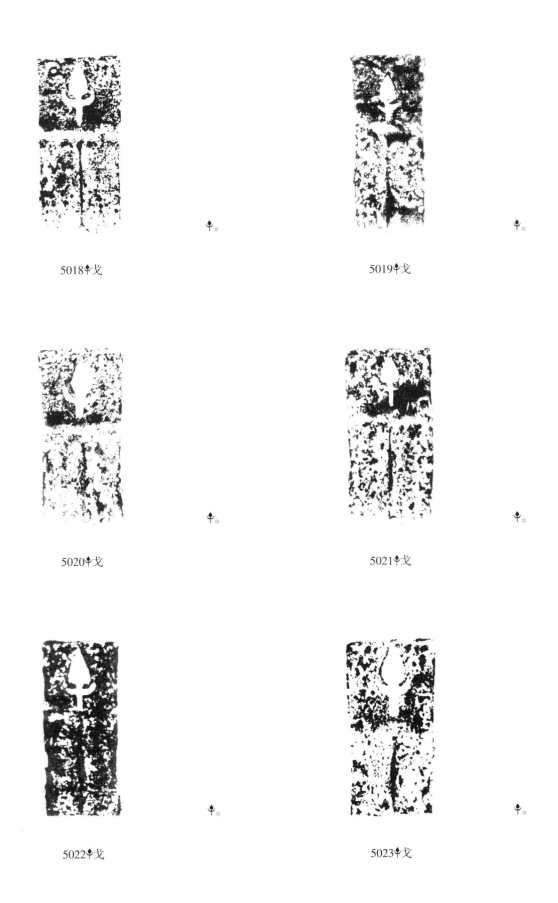

5018 ♥戈

5019 ♥戈

5020 ♥戈

5021 ♥戈

5022 ♥戈

5023 ♥戈

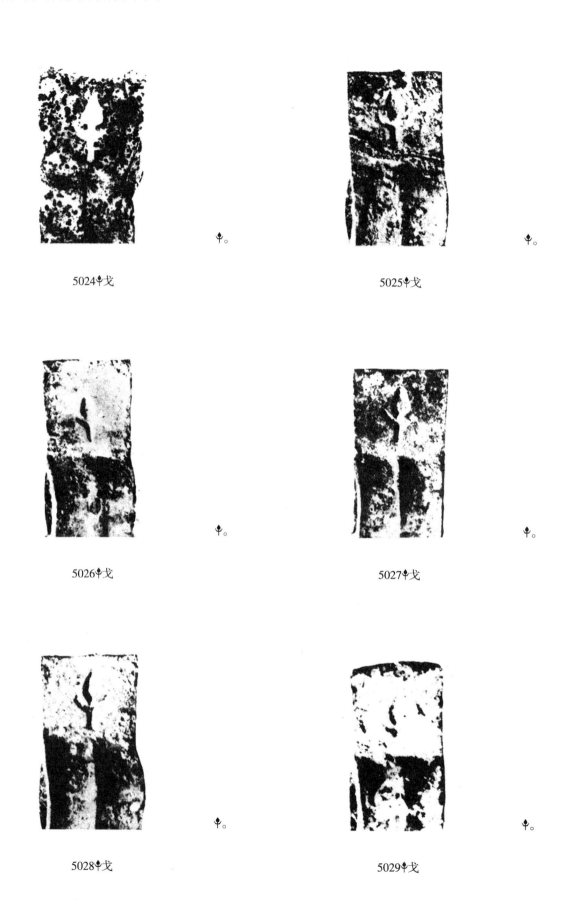

5024♀戈

5025♀戈

5026♀戈

5027♀戈

5028♀戈

5029♀戈

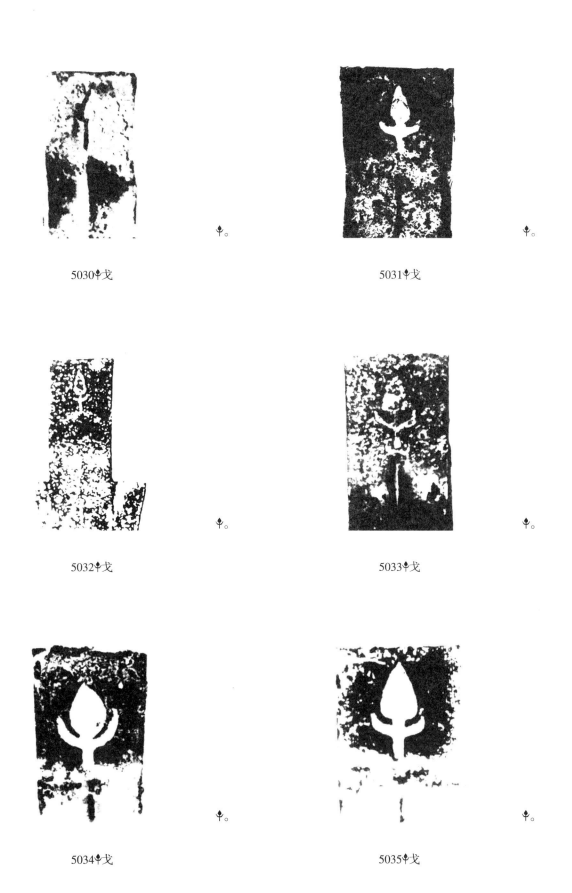

5030 𡴹戈

5031 𡴹戈

5032 𡴹戈

5033 𡴹戈

5034 𡴹戈

5035 𡴹戈

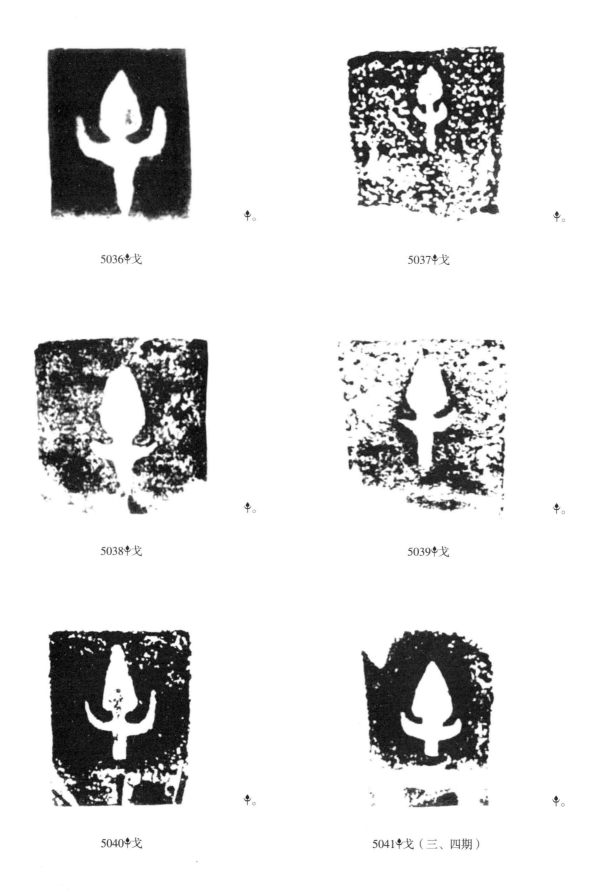

5036 戈

5037 戈

5038 戈

5039 戈

5040 戈

5041 戈（三、四期）

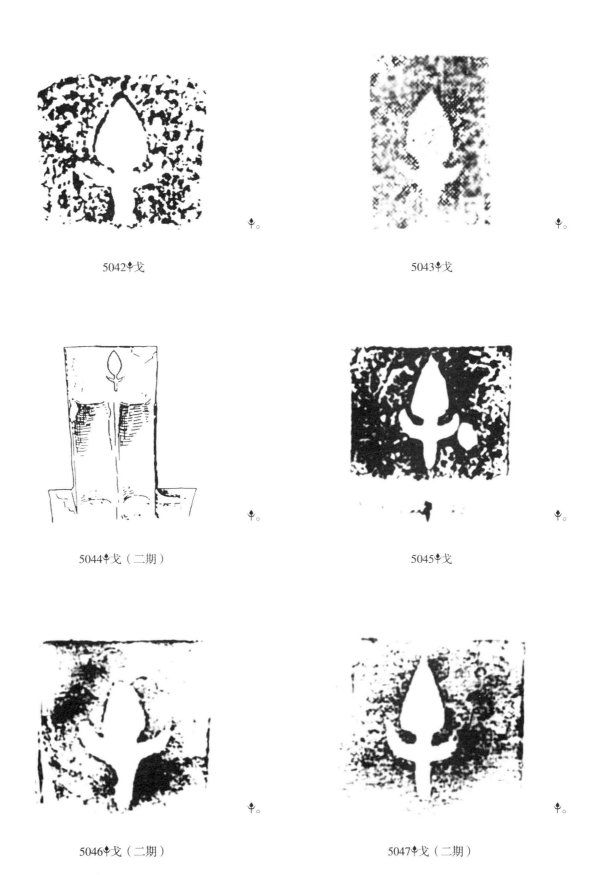

5042 戈

5043 戈

5044 戈（二期）

5045 戈

5046 戈（二期）

5047 戈（二期）

5048▼戈（二期）

5049▼戈（二期）

5050▼戈（二期）

天。

5051天戈（二、三期）

天。

5052天戈（二、三期）

天。

5053天戈（二、三期）

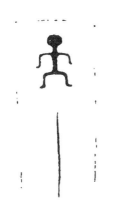

天。

5054天戈

屰。

5055屰戈（二期）

屰。

5056屰戈

屰。

5057屰戈（二期）

亦。

5058亦戈

需。

5059需戈

交。

5060交戈（二、三期）

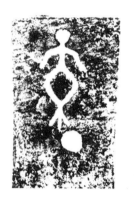

交。

5061交戈（四期）

立。

5062立戈（二、三期）

5063戈（三期）

失。

5064失戈（二、三期）

5065戈

軟。

5066軟戈

卷。

5067卷戈

卷。

5068卷戈

牅。

5069牅戈

蘱。

5070蘱戈

蘱。

5071蘱戈

矜。

矜。

5072矜戈

5073矜戈

参

旗。

5074参戈（二、三期）

5075旗戈

黿。

豕。

5076黿戈

5077豕戈

李。

5078李戈（三期）

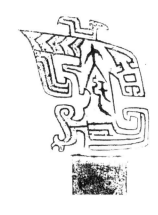

李。

5079李戈（三期）

李。

5080李戈（三期）

李。

5081李戈（三期）

李。

5082李戈（三期）

李。

5083李戈（三期）

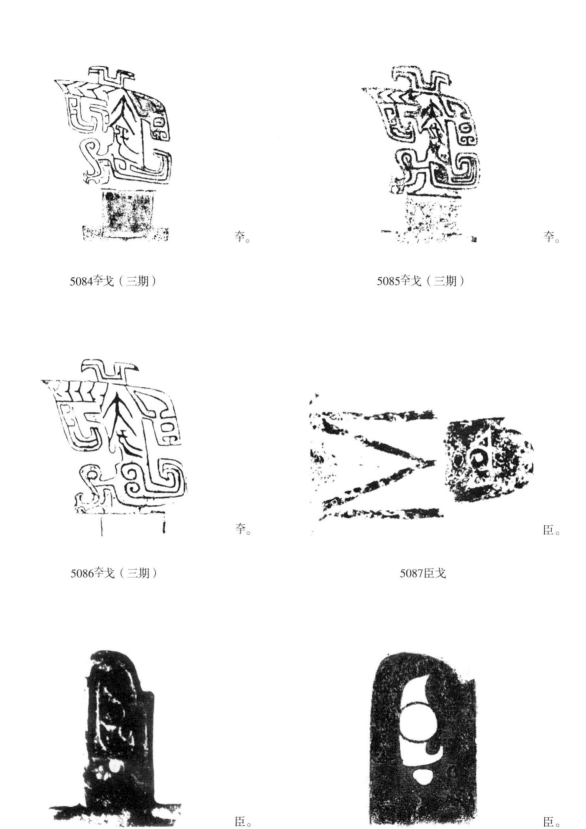

李。

5084李戈（三期）

李。

5085李戈（三期）

李。

5086李戈（三期）

臣。

5087臣戈

臣。

5088臣戈（一期）

臣。

5089臣戈（中商）

望。

5090望戈（二、三期）

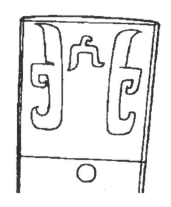

𠂤。

5091𠂤戈（二期）

皿。

5092皿戈

皇。

5093皇戈（二、三期）

耳。

5094耳戈

耳。

5095耳戈

嬰。

5096嬰戈

嬰。

5097嬰戈

嬰。

5098嬰戈

嬰。

5099嬰戈

嬰。

5100嬰戈

嬰。

5101嬰戈（二、三期）

叟。

5102叟戈

豕。

5103豕戈

𪲎。

5104𪲎戈

𠬜。

5105𠬜戈（四期）

受。

5106受戈

翌。

5107翌戈

爰。

5108爰戈

爰。

5109爰戈（三期）

鬲。

5110鬲戈（四期）

茲。

5111茲戈

守。

5112守戈

兔。

5113兔戈（三、四期）

正。

5114正戈

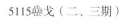蚰。

5115蚰戈（二、三期）

矍。

5116矍戈

子。

5117子戈

子。

5118子戈

子。

5119子戈

子。

5120子戈

萬。

5121萬戈（二、三期）

萬。

5122萬戈

萬。

5123萬戈

萬。

5124萬戈（二、三期）

萬。

5125萬戈

萬。

5126萬戈（三、四期）

弔。

5127弔戈

弔。

5128弔戈（二、三期）

弔。

5129弔戈（二、三期）

弔。

5130弔戈

弔。

5131弔戈

耳。

5132耳戈

耳。

5133耳戈

耳。

5134耳戈

耳。

5135耳戈（二、三期）

鶱。

5136鶱戈

鳥。

5137鳥戈（中商）

鳥。

5138鳥戈（二、三期）

5139戈

羊。

5140羊戈（三、四期）

5141戈（二、三期）

5142戈

5143戈

宁。

5144宁戈（二、三期）

囡。

5145囡戈

囡。

5146囡戈

臼。

5147臼戈

賈。

5148賈戈（二期）

蒿。

5149蒿戈（四期）

旬。

5150旬戈

息。

5151息戈（三期）

息。

5152息戈（三期）

息。

5153息戈（四期）

分。

5154分戈

5155戈

州。

5156州戈（三、四期）

萄。

5157萄戈（二、三期）

戈。

5158戈戈

戈。

5159戈戈

戈。

5160戈戈

戈。

5161戈戈

戈。

5162戈戈（二期）

我。

5163我戈

我。

5164我戈

我。

5165我戈

田。

5166田戈（三、四期）

田。

5167田戈（三、四期）

田。

5168田戈

合。

5169合戈（二、三期）

合。

5170合戈

合。

5171合戈

亶。

5172亶戈（二、三期）

亶。

5173亶戈（四期）

⊛。

5174⊛戈

舟。

5175舟戈

舟。

5176舟戈

叀。

5177叀戈

戈。

5178戈

戈。

5179戈（二、三期）

5180 戈

5181 戈

5182 戈

5183 戢戈

5184 敄戈

5185 戢戈（四期）

甗。

5186甗戈（四期）

。

5187戈

。

5188戈

。

5189戈

未。

5190未戈

聿。

5191聿戈

秉。

5192秉戈

冊。

5193冊戈

冊。

5194冊戈

ⅤⅣ。

5195ⅤⅣ戈

齒。

5196齒戈

𪾢侯。

5197𪾢侯戈

日。

5198日戈

日。

5199日戈（四期）

矢。

5200矢戈

乇。

5201乇戈（中商）

単。

5202単戈

柬。

5203柬戈（三、四期）

亢。

5204亢戈（三、四期）

舀。

5205舀戈

中。

5206中戈

史。

5207史戈（四期）

史。

5208史戈（商末周初）

史。

5209史戈（商末周初）

栩。

5210栩戈

亦車。

5211亦車戈（二、三期）

亦車。

5212亦車戈

又。

5213又戈

◇。

5214◇戈

禽。

5215禽戈

□。

5216□戈

丞。

5217丞戈

中。

5218中戈（二、三期）

吹。

5219吹戈

𠨘。

5220𠨘戈（二、三期）

狄。

5221狄戈

龟。

5222龟戈（三、四期）

亞戈。

5223亞戈戈

亞戈。

5224亞戈戈

亞戈。

5225亞戈戈

亞戈。

5226亞戈戈

亞戈。

5227亞戈戈

亞夨。

5228亞夨戈

亞夨。

5229亞夨戈

亞果。

5230亞果戈（三、四期）

亞倗。

5231亞倗戈（三、四期）

亞醜。

5232亞醜戈（四期）

亞犬。

5233亞犬戈（四期）

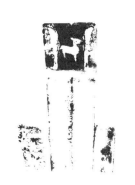

亞🐎。

5234亞🐎戈

亞𢎜。

5235亞𢎜戈

亞受。

5236亞受戈

亞予。

5237亞予戈（三期）

亞啟。

5238亞啟戈

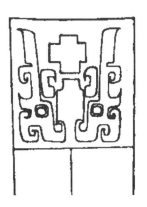

亞長。

5239亞長戈（二期）

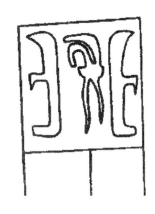

亞長。

5240亞長戈（二期）

亞長。

5241亞長戈（二期）

亞長。

5242亞長戈（二期）

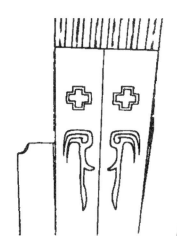

亞長。

5243亞長戈（二期）

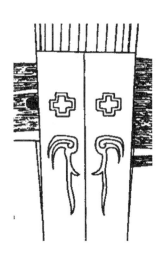

亞長。

5244亞長戈（二期）

亞長。

5245亞長戈（二期）

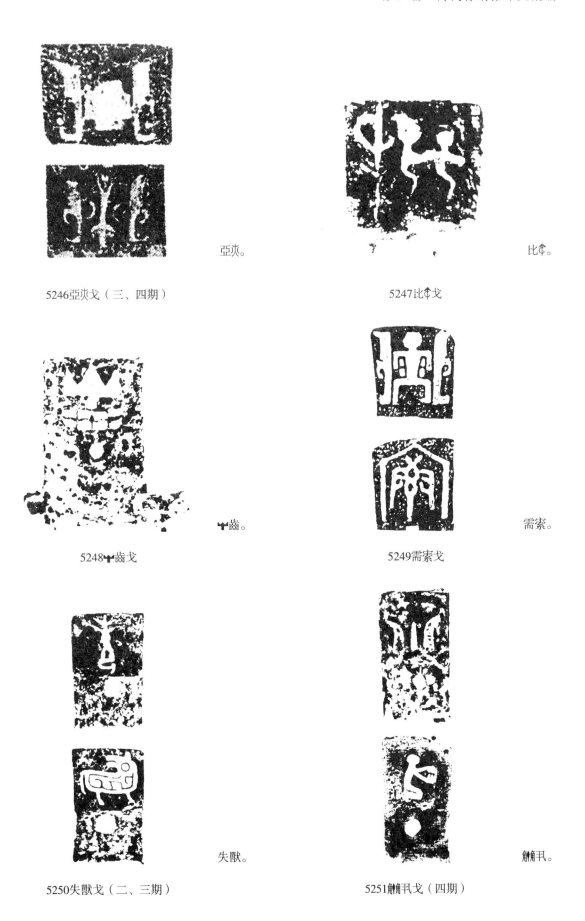

亞夬。

5246亞夬戈（三、四期）

比🔱。

5247比🔱戈

🔱齒。

5248🔱齒戈

需索。

5249需索戈

失獸。

5250失獸戈（二、三期）

觸角丮。

5251觸角丮戈（四期）

天玘。

5252天玘戈

並ff。

5253並ff戈

鄉宁。

5254鄉宁戈（三期）

車鯱。

5255車鯱戈（三、四期）

子龏。

5256子龏戈

子商。

5257子商戈（二、三期）

子▲。

5258子▲戈（二、三期）

子▲。

5259子▲戈（四期）

子戉。

5260子戉戈

戈己。

5261戈己戈

戈馬。

5262戈馬戈

戈馬。

5263戈馬戈

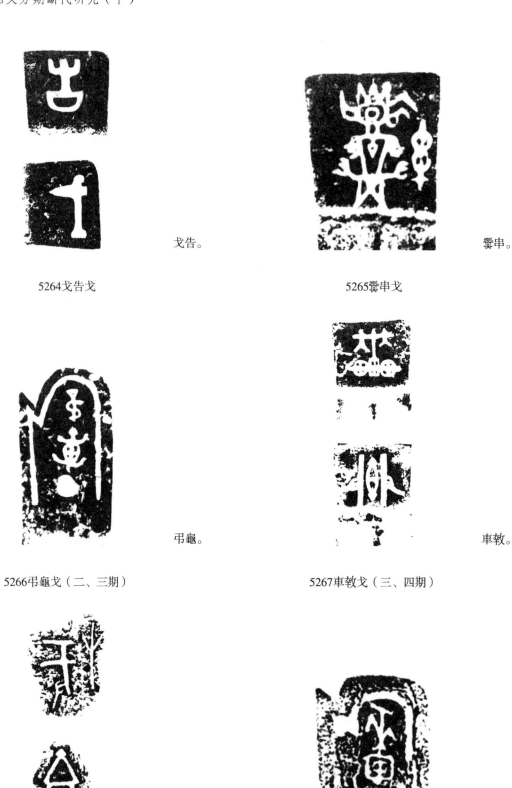

戈告。

5264戈告戈

龜串。

5265龜串戈

弔龜。

5266弔龜戈（二、三期）

車敕。

5267車敕戈（三、四期）

□佘。

5268□佘戈

來盾。

5269來盾戈（二、三期）

耴奠。

5270耴奠戈

秉盾。

5271秉盾戈（二、三期）

耴盾。

5272耴盾戈

伐甗。

5273伐甗戈

伐甗。

5274伐甗戈

史冊。

5275史冊戈（四期）

亳冊。

5276亳冊戈

弓畣。

5277弓畣戈

鼎劦。

5278鼎劦戈

酉冎。

5279酉冎戈（三、四期）

亡終。

5280亡終戈（三、四期）

亞又羖。

5281亞又羖戈（二、三期）

亞又殳。

5282亞又殳戈（二、三期）

亞又殳。

5283亞又殳戈（二、三期）

亞又殳。

5284亞又殳戈（二、三期）

亞又殳。

5285亞又殳戈（二、三期）

亞又殳。

5286亞又殳戈（二、三期）

亞啓。

5287亞啓戈

亞旃乙，亞若癸。

5288亞若癸戈

盍見冊。

5289盍見冊戈

祖乙、祖己、祖丁。

5290祖乙戈（四期或周早）

兄日丙、兄日癸、兄日癸、兄日
壬、兄日戊、大兄日乙。

5291大兄日乙戈（四期或周早）

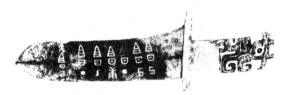

祖日己、祖日己、祖日丁、祖日庚、
祖日乙、祖日丁、大祖日己。

5292大祖日己戈（四期或周早）

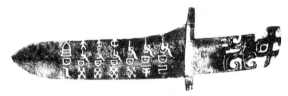

父日己、父日辛、父日癸、仲父日癸、
大父日癸、大父日癸、祖日乙。

5293祖日乙戈（四期或周早）

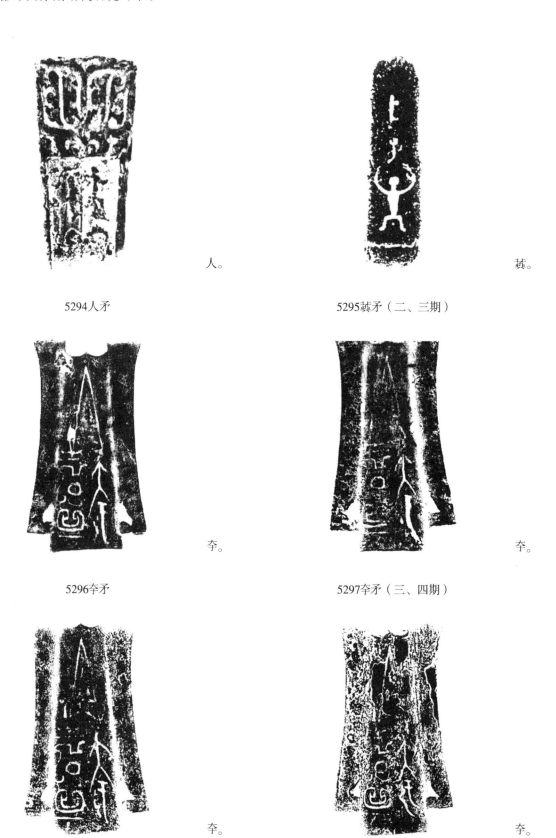

人。

5294人矛

蓺。

5295蓺矛（二、三期）

夲。

5296夲矛

夲。

5297夲矛（三、四期）

夲。

5298夲矛（三、四期）

夲。

5299夲矛（三、四期）

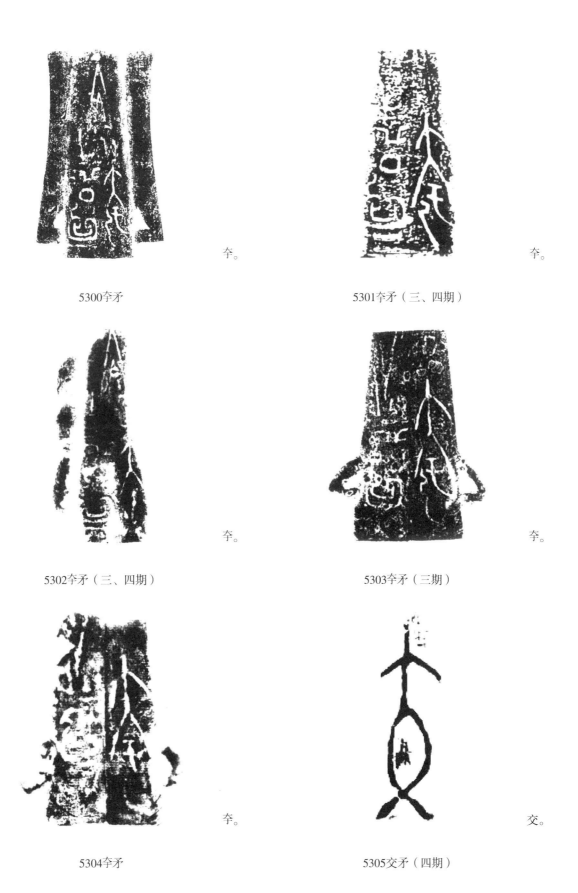

李。

5300牟矛

李。

5301牟矛（三、四期）

李。

5302牟矛（三、四期）

李。

5303牟矛（三期）

李。

5304牟矛

交。

5305交矛（四期）

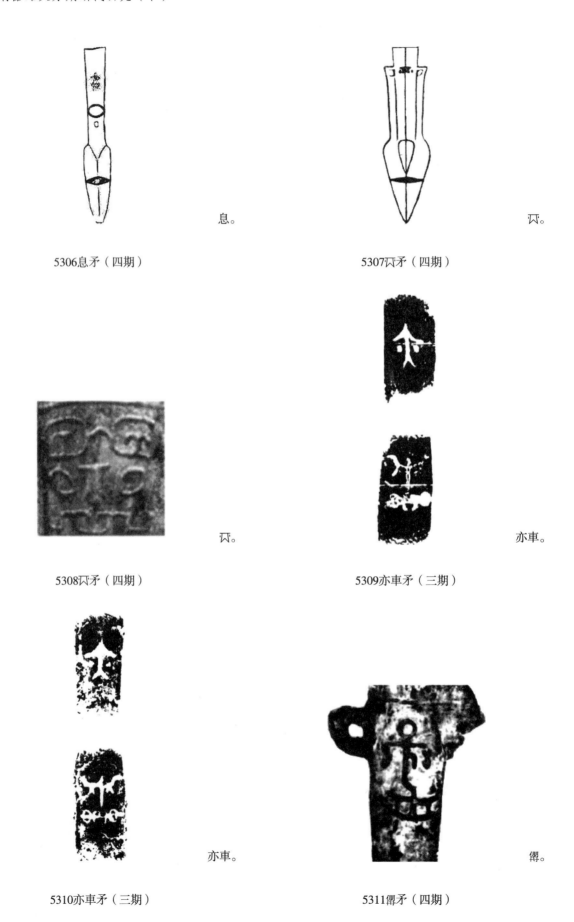

息。

5306息矛（四期）

囨。

5307囨矛（四期）

囨。

5308囨矛（四期）

亦車。

5309亦車矛（三期）

亦車。

5310亦車矛（三期）

僻。

5311僻矛（四期）

北單。

5312北單矛（二期）

北單。

5313北單矛（二期）

亞矣。

5314亞矣矛（二期）

亞矣。

5315亞矣矛（二期）

亞矣。

5316亞矣矛

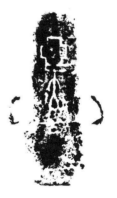

亞矣。

5317亞矣矛

亞矣。

5318亞矣矛

亞醜。

5319亞醜矛（三、四期）

亞醜。

5320亞醜矛（三、四期）

亞醜。

5321亞醜矛（三、四期）

亞醜。

5322亞醜矛（三、四期）

亞醜。

5323亞醜矛（三、四期）

亞飲兄。

5324亞飲兄矛

亞奠。

5325亞奠矛（三期）

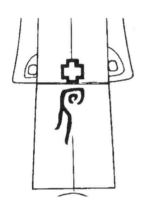

亞長。

5326亞長矛（二期）

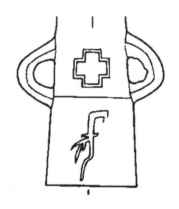

亞長。

5327亞長矛（二期）

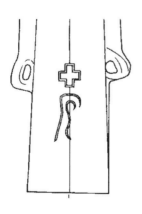

亞長。

5328亞長矛（二期）

鉞

蒋。

5329蒋鉞（二期）

何。

5330何鉞（二期）

何。

5331何鉞（二期）

伐。

5332伐鉞（四期）

皇。

5333皇鉞

賈。

5334賈鉞（二期）

兮。

5335兮鉞

兮。

5336兮鉞（二期）

蠱。

5337蠱鉞（二期）

正。

5338正鉞（四期）

戈。

5339戈鉞（二期）

刖。

5340刖鉞（二期）

羞。

5341羞鉞（二期）

5342鉞（二期）

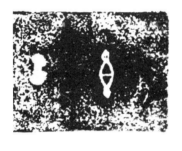

卒。

5343卒鉞（二期）

冊。

5344冊鉞（三期）

田。

5345田鉞（三期）

家。

5346家鉞（二期）

甗。

5347甗鉞（三期）

寅。

5348寅鉞（二期）

盂。

5349鉞（二期）

5350盂鉞（二期）

狽。

5351狽鉞（四期）

婦好。

5352婦好鉞（二期）

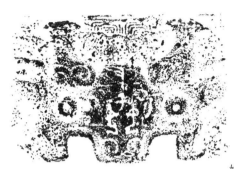

婦好。

5353婦好鉞（二期）

司嬶。

5354司嬶鉞（二期）

亞啓。

5355亞啓鉞（二期）

亞龡。

5356亞龡鉞（三期）

亞吳。

5357亞吳鉞（二期）

亞吳。

5358亞吳鉞（二期）

亞旲。

5359亞旲鉞（二期）

亞父。

5360亞父鉞（二期）

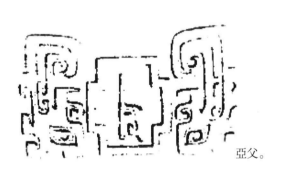

亞父。

5361亞父鉞（二期）

亞父。

5362亞父鉞（二期）

亞長。

5363亞長鉞（二期）

亞長。

5364亞長鉞（二期）

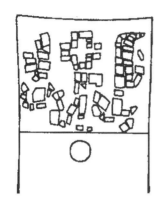

亞長。

5365亞長鉞（二期）

亞長。

5366亞長鉞（二期）

冊父。

5367冊父鉞（二期）

子龔。

5368子龔鉞（二期）

子▲。

5369子▲鉞

伐甗。

5370伐甗鉞（四期）

耒卪。

5371耒卪鉞

夬父乙。

5372夬父乙鉞（二期）

工用器

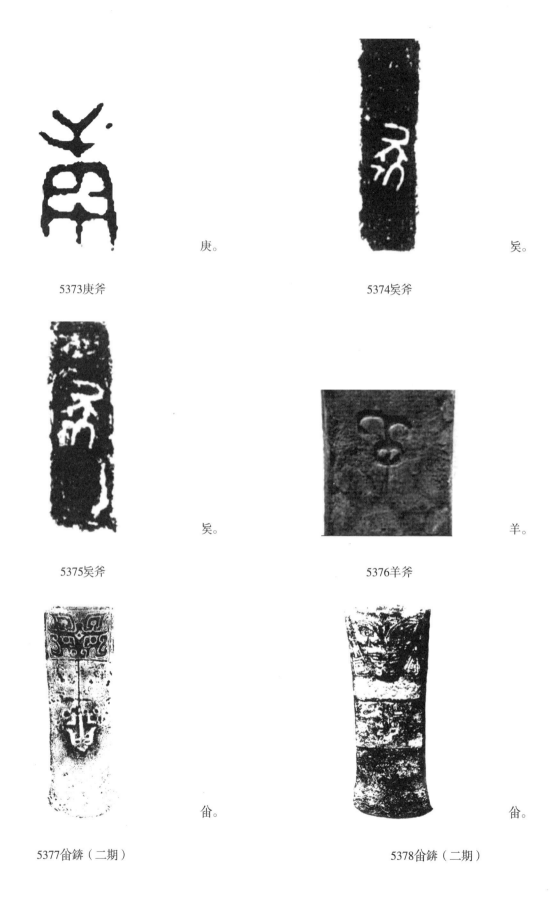

庚。

5373庚斧

戾。

5374戾斧

戾。

5375戾斧

羊。

5376羊斧

爯。

5377爯鏟（二期）

爯。

5378爯鏟（二期）

征。

5379征錛（三、四期）

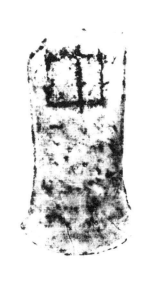

盾。

5380盾錛

↑。

5381↑錛（二期）

↓。

5382↓錛（二期）

虤。

5383虤錛（三、四期）

子。

5384子錛

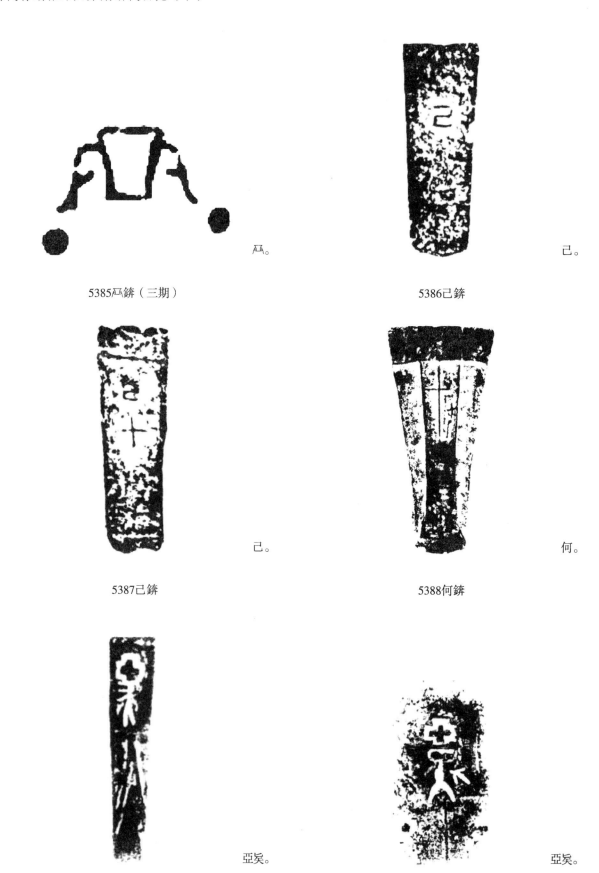

[illegible]。

5385[illegible]鏟（三期）

己。

5386己鏟

己。

5387己鏟

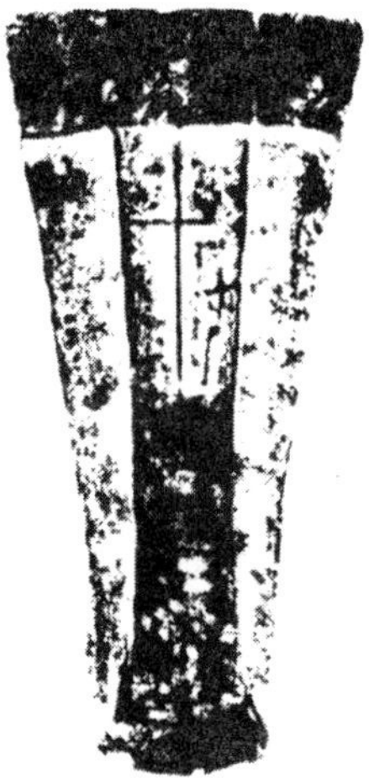

何。

5388何鏟

亞矣。

5389亞矣鏟

亞矣。

5390亞矣鏟

亞矣。

5391亞矣鏟（二期）

亞矣。

5392亞矣鏟（二期）

亞酖。

5393亞酖鏟（四期）

亞酖。

5394亞酖鏟

亞酖。

5395亞酖鏟

弔黽。

5396弔黽鏟

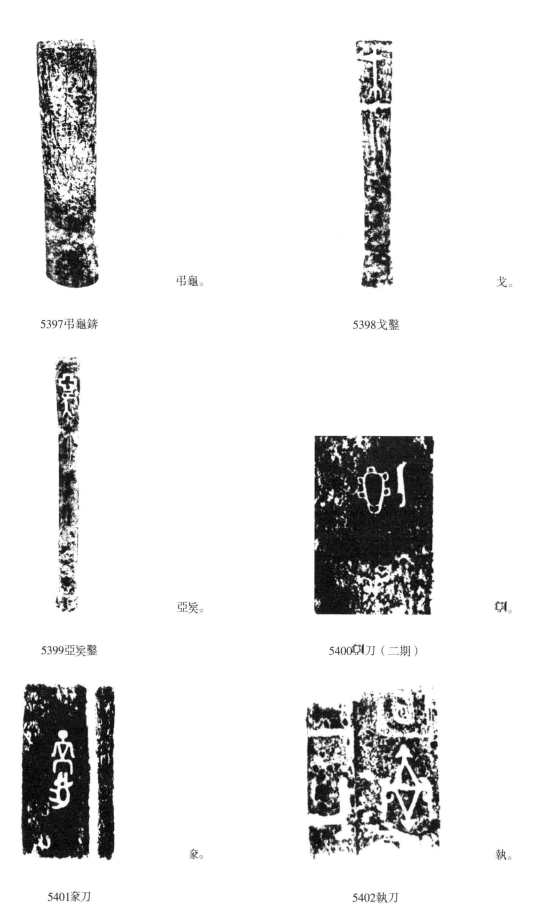

弔龜。

5397弔龜銤

戈。

5398戈鑿

亞夨。

5399亞夨鑿

戉。

5400戉刀（二期）

豙。

5401豙刀

執。

5402執刀

宁。

5403宁刀

卪。

5404卪刀（四期）

己。

5405己刀（四期）

亞弓。

5406亞弓刀

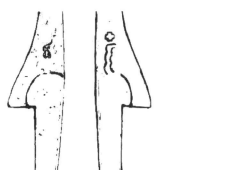

亞弓。得。

5407亞弓刀（二期）

亞㚤。

5408亞㚤刀（二期）

亞長。

5409亞長刀（二期）

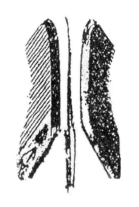

↑。

5410↑鐮

豖。

5411豖鏟

亞矣。

5412亞矣銅泡

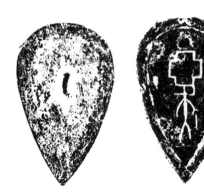

亞矣。

5413亞矣銅泡

先。

5414先弓形器

畬。

5415畬弓形器

敠。

5416敠弓形器

嗀。

5417嗀弓形器

盉。

5418盉弓形器

析。

5419析弓形器

亞𡉚。

5420亞𡉚弓形器

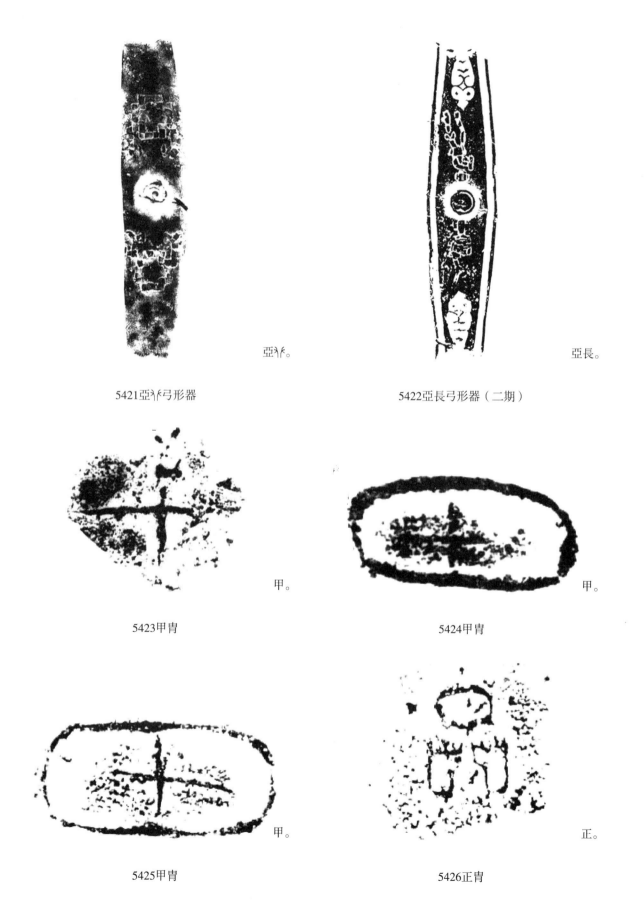

亞犬。

5421亞犬弓形器

亞長。

5422亞長弓形器（二期）

甲。

5423甲胄

甲。

5424甲胄

甲。

5425甲胄

正。

5426正胄

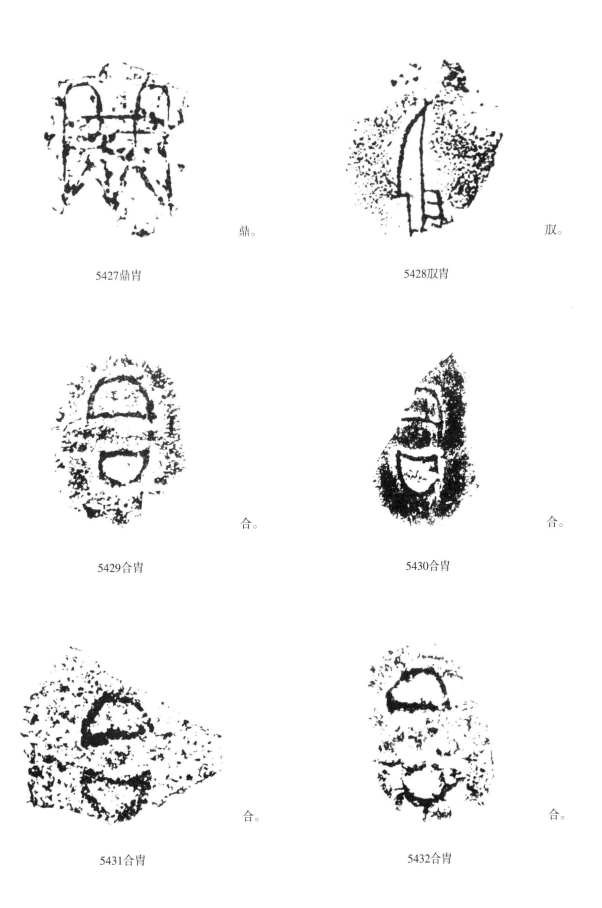

鼎。

5427鼎冑

取。

5428取冑

合。

5429合冑

合。

5430合冑

合。

5431合冑

合。

5432合冑

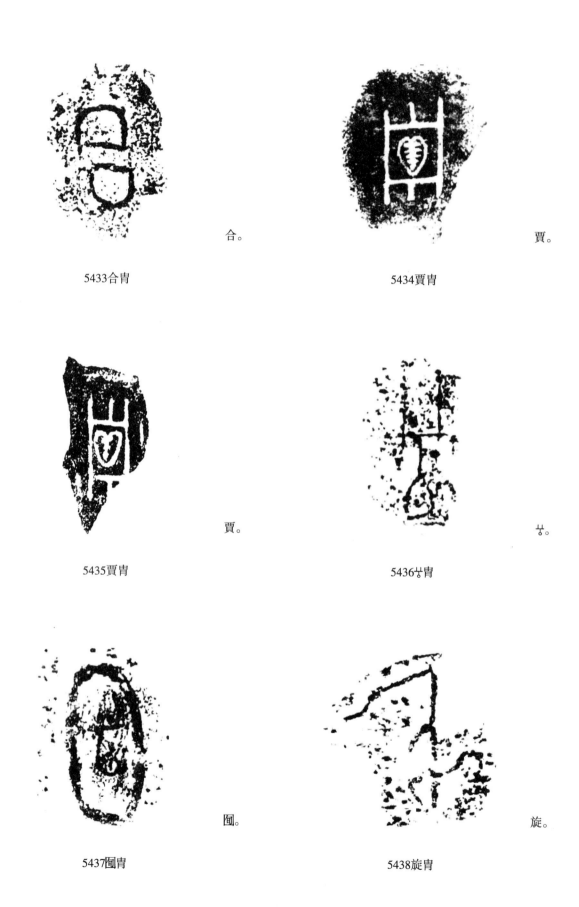

合。

5433合冑

賈。

5434賈冑

賈。

5435賈冑

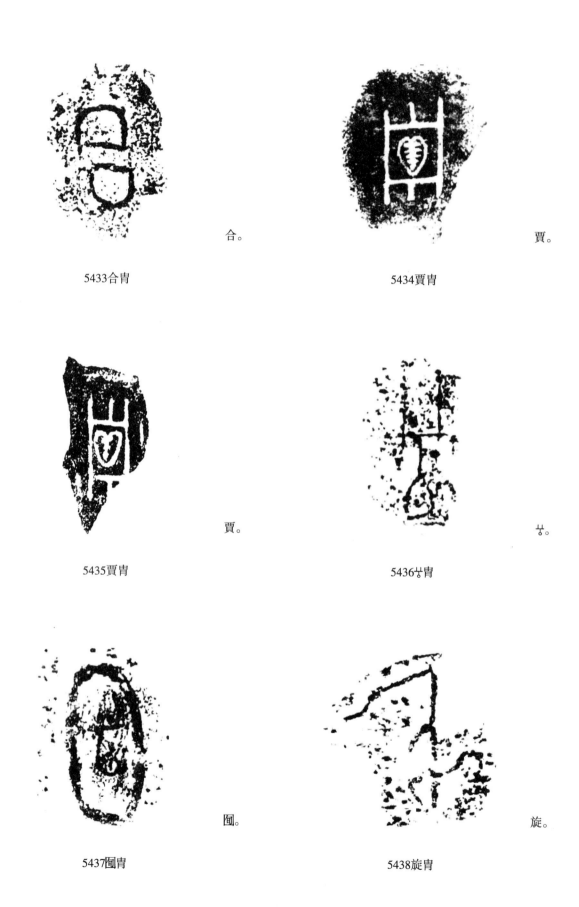

5436🜨冑

囤。

5437囤冑

旋。

5438旋冑

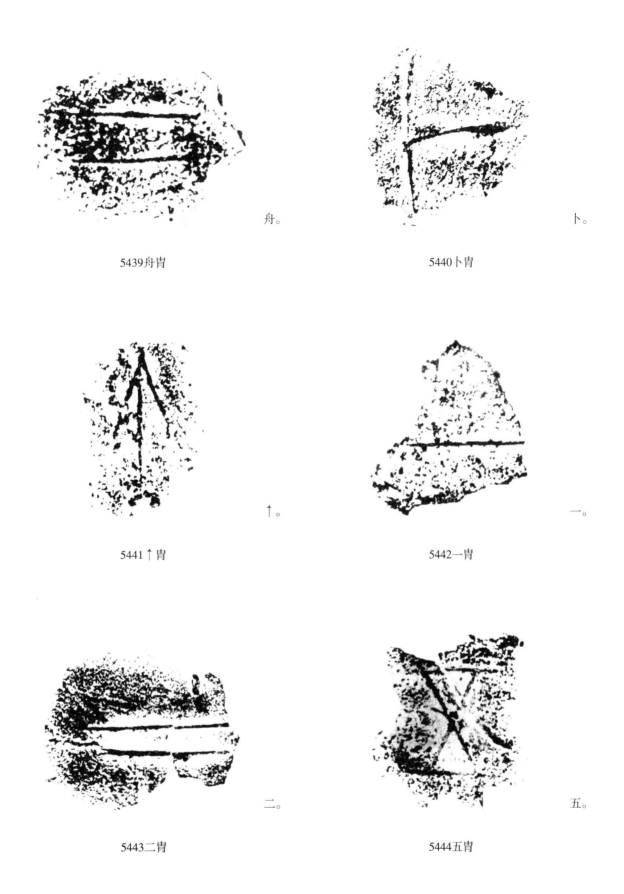

舟。

5439舟胄

卜。

5440卜胄

↑。

5441↑胄

一。

5442一胄

二。

5443二胄

五。

5444五胄

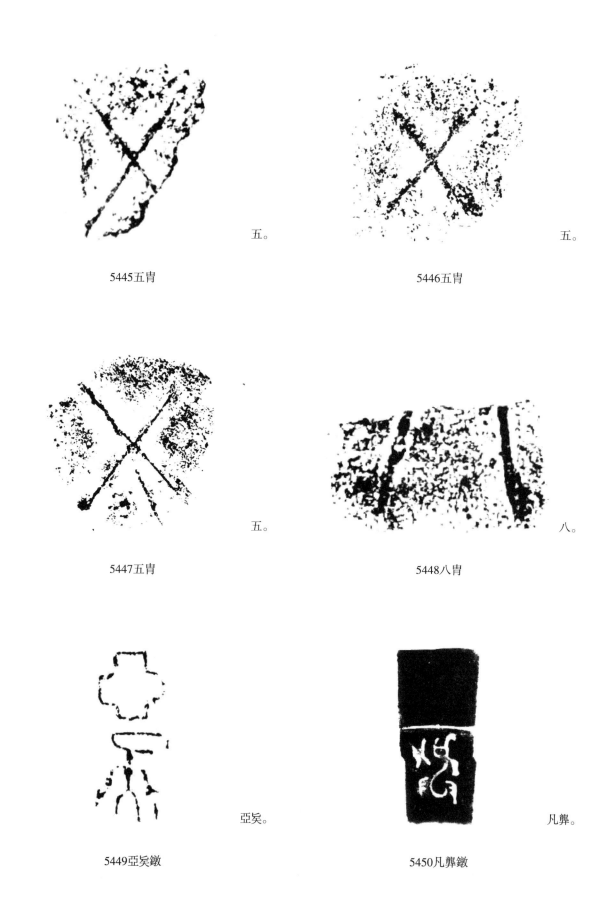

五。

5445五胄

五。

5446五胄

五。

5447五胄

八。

5448八胄

亞矣。

5449亞矣鐓

凡龏。

5450凡龏鐓

牵。

5451牵干首

⦇。

5452⦇干首

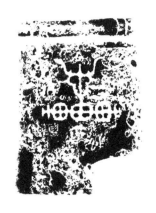

車。

5453車車飾

嵞。

5454嵞車飾

後　記

　　本書原是筆者為作商代青銅器銘文研究所作的資料長編。鑒於商代青銅器銘文龐雜而又零散的資料，筆者在攻博之始即開始資料的收集與數位化工作。對筆者想着力解決的商代有銘青銅器年代細化的努力，筆者盡可能地在各種青銅器圖錄中查找青銅器形圖像資料，並與銘文拓片進行比對，以確定器形圖像與《集成》中拓片相互對應。為此，筆者又專門對公佈的圖像進行掃描，或者進行複印。這些過程，花費了大量的精力。之後就是器物的類形學分析。其時，家中以地為桌，徧佈卡片，屋裏狼籍不堪，人極勞頓。好在學位論文於2006年通過答辯。在後續的時日裏，筆者又陸續補充銅器銘文與圖像資料，並於2013年3月出版了《商代青銅器銘文研究》。此時，吳鎮烽先生的《商周青銅器銘文暨圖像集成》出版，刊佈了迄今最為詳備的青銅器銘文與圖像資料。雖然本書文稿已交出版社，而家人又患病，筆者也曾一度覺得無力再作增補，但終覺未安，遂咬牙就本書中2007年前公佈有銘文的銅器圖像一一進行核對增補。共增補了383件銅器圖像。因時間匆促，類型學分析或有不妥。最後呈現的就是現在這個樣子。

　　本書所謂的“商代”青銅器，其實裏面有大量的銅器在時代上或商或周，即商末周初或商周之際者，是難以明確分別的。有一些銅器的年代判定，或有過早之嫌。如部分原定周初銅器風格者卻又在殷墟發現有相同的模範，對於這一類的銅器，或可將原先定周初的提前至商晚，而將原定商晚的延後至周初的似也無不可。如何安排更接近歷史事實，應該是商周銅器研究乃至殷墟之為商都的存續時間及商周兩朝的年代框架研究的一個重要課題。筆者對此尚無見識，唯祈來日與賢者。

　　本書作為研究的鋪墊，本也可以閑於篋中。但筆者以為其資料性也尚有可為他人研究做墊腳石者，所以還想得一機會讓其面世。本書得以出版，感謝劉一曼、宋鎮豪二位先生的鼎力推薦，感謝考古所學術委員會的評鑒，感謝社科院的出版資助。感謝魏小薇、樓霏編輯的辛苦使本書避免了不少錯誤。

　　讀完校樣，腰酸頭暈，呆看樓外車水馬龍，繁華世界。更嘆流年似水，青春不在。時近年關，謹祝健康，為自己，為家人，為讀書為文的各位。

圖書在版編目（CIP）數據

商代青銅器銘文分期斷代研究：全 2 冊/嚴志斌編著.
—北京：社會科學文獻出版社，2014.1
（中國社會科學院文庫·歷史考古研究系列）
ISBN 978-7-5097-5102-2

Ⅰ.①商…　Ⅱ.①嚴…　Ⅲ.①青銅器（考古）-
金文-斷代學-研究-中國-商代　Ⅳ.①K877.34

中國版本圖書館 CIP 數據核字（2013）第 224015 號

中國社會科學院文庫·歷史考古研究系列

商代青銅器銘文分期斷代研究（全二冊）

編　著／嚴志斌

出 版 人／謝壽光
出 版 者／社會科學文獻出版社
地　　址／北京市西城區北三環中路甲 29 號院 3 號樓華龍大廈
郵政編碼／100029

責任部門／人文分社（010）59367215　　　　　　責任編輯／樓　霏　黃　丹
電子信箱／renwen@ ssap. cn　　　　　　　　　　責任校對／賈鳳彩
項目統籌／宋月華　魏小薇　　　　　　　　　　　責任印製／岳　陽
經　　銷／社會科學文獻出版社市場營銷中心（010）59367081　59367089
讀者服務／讀者服務中心（010）59367028

印　　裝／北京鵬潤偉業印刷有限公司
開　　本／889mm×1194mm　1/16　　　　　　　印　　張／115.25
版　　次／2014 年 1 月第 1 版　　　　　　　　　字　　數／1826 千字
印　　次／2014 年 1 月第 1 次印刷
書　　號／ISBN 978-7-5097-5102-2
定　　價／1890.00 圓（全二冊）